THE AUTHOR

Paolo Crippa (23 aprile 1978) coltiva sin dai tempi del Liceo la passione per la Storia italiana, soprattutto della Seconda Guerra Mondiale. Le sue ricerche si incentrano soprattutto nel campo della storia militare ed in particolare sulle unità corazzate a partire dagli anni '30 fino alla fine della Seconda Guerra Mondiale. Nel 2006 pubblica il suo primo volume, "I Reparti Corazzati della Repubblica Sociale Italiana 1943/1945", prima ricerca organica compiuta e pubblicata in Italia sull'argomento, a cui fanno seguito "Duecento Volti della R.S.I." (2007) e "Un anno con il 27° Reggimento Artiglieria Legnano" (2011). Ha all'attivo una quarantina di articoli per le riviste Milites, Historica Nuova, SGM – Seconda Guerra Mondiale, Batailes & Blindes, Mezzi Corazzati e Storia del Novecento, sia come autore, sia in collaborazione con altri ricercatori. Ha realizzato collaborazioni e consulenze per altri autori nella stesura di testi storico – uniformologici. Con Mattioli 1885 ha pubblicato "Italia 43 – 45 – I blindati di circostanza della Guerra Civile" (2014), "I mezzi corazzati della Guerra Civile 1943 -1945" (2015) e Italia 43 – 45 – I mezzi delle unità cobelligeranti (2018).

Paolo Crippa (23 April 1978) has cultivated his passion for Italian history since high school. His research interests are focused mainly in the field of military history and in particular on italian armored units from the 30s until the end of World War II. In 2006 he published his first volume, "I Reparti Corazzati della Repubblica Sociale Italiana 1943/1945", the first organic research carried out and published in Italy on the subject. In 2007 he published "Duecento Volti della R.S.I." and in 2011 " Un anno con il 27° Reggimento Artiglieria Legnano". He regularly contributes to several journals: Milites, New Historica, SGM - World War II, Batailes & Blindes, Armoured Vehicles and history of the twentieth century, Mezzi Corazzati, both as an author, or in collaboration with other researchers. He published with the editor Mattioli 1885 in 2014 "Italy 43 – 45 – Civil War improvised AFV's" (2014), "Italian AFV's of the Civil War 1943 - 1945" (2015) and "Italy 43 – 45 – AFV's and MV's of co-belligerent units" (2018).

Carlo Cucut è nato a Nole (TO) nel 1955. Ha coltivato la passione per la storia sin da ragazzo e negli anni ha approfondito questo interesse dedicandosi alla ricerca storica. Ha pubblicato articoli sulle riviste: "Storia del XX Secolo", "Storie & Battaglie", "Milites" e "Ritterkreuz". In campo editoriale ha pubblicato vari volumi per Marvia Edizioni: "Penne Nere sul confine orientale. Storia del Reggimento Alpini "Tagliamento" 1943-1945", vincitore del Premio De Cia; "Attilio Viziano. Ricordi di un corrispondente di guerra"; "Forze Armate della RSI sul fronte orientale"; "Forze Armate della RSI sul fronte occidentale"; "Forze Armate della RSI sulla linea Gotica"; "Alpini nella Città di Fiume 1944-1945". Per il Gruppo Modellistico Trentino ha pubblicato "Le forze armate della RSI 1943-1945. Forze di terra".

Carlo Cucut was born in Nole (TO) in 1955. He cultivated a passion for history as a boy and over the years has deepened this interest by dedicating himself to historical research. He published articles in the italian magazines: "Storia del XX Secolo", "Storie & Battaglie", "Milites" and "Ritterkreuz". He published various volumes for Marvia Edizioni: "Penne Nere on the eastern border. History of the Alpini's Regiment "Tagliamento" 1943-1945 ", winner of the "De Cia" Award; "Attilio Viziano. Memories of a war correspondent "; "Armed Forces of RSI on the eastern front"; "Armed Forces of RSI on the Western Front"; "Armed Forces of RSI on the Gothic Line"; "Alpini in the City of Rijeka 1944-1945". For the Trentino Modeling Group he published "The armed forces of RSI 1943-1945. Land forces ".

PUBLISHING'S NOTES

None of unpublished images or text of our book may be reproduced in any format without the expressed written permission of Luca Cristini Editore (already Soldiershop.com) when not indicate as marked with license creative commons 3.0 or 4.0. Luca Cristini Editore has made every reasonable effort to locate, contact and acknowledge rights holders and to correctly apply terms and conditions to Content.

Every effort has been made to trace the copyright of all the photographs. If there are unintentional omissions, please contact the publisher in writing at: info@soldiershop.com, who will correct all subsequent editions.

Our trademark: Luca Cristini Editore©, and the names of our series & brand: Soldiershop, Witness to war, Museum book, Bookmoon, Soldiers&Weapons, Battlefield, War in colour, Historical Biographies, Darwin's view, Fabula, Altrastoria, Italia Storica Ebook, Witness To History, Soldiers, Weapons & Uniforms, Storia etc. are herein © by Luca Cristini Editore.

LICENSES COMMONS

This book may utilize part of material marked with license creative commons 3.0 or 4.0 (CC BY 4.0), (CC BY-ND 4.0), (CC BY-SA 4.0) or (CC0 1.0). We give appropriate attribution credit and indicate if change were made in the acknowledgments field. Our WTW books series utilize only fonts licensed under the SIL Open Font License or other free use license.

ACKNOWLEDGMENTS

A Special Thanks from the authors to: Archivio Monterosa, Arch. Viziano, Arch. Crippa, Arch. Reduci Reggimento "Tagliamento", Arch. Quaquaro, Arch. Galliani, Arch. Cucut, Arch. Comin, Arch. Dini, Arch. Panzarasa, Arch. Roberti, Arch. Crivellari. For all the titles of our serie we tanks also US national archives NARA, US Library of Congress, Bundesarchiv/wikipedia, Kriegsberichter archiv and Polish national archives. Thanks to the Europeana Collections, and at all the several institution, museum, library, bibliotecks, public or private collection & athenaeums that with their positive copyright policy about part of his collections, allows us the use of many images present in our books. We remember same of this great World Institutions: New York Public Library, Rara CH, Heidelberg Bibliotek University, Riikmuseum of Amsterdam, Dusseldorf University Library, Polona Library, Herzog August Bibliothek of Wolfenbüttel, Stuttgart Bibliothek, SLUB Dresden, Frankfurt am Main Universitätsbibliothek, Europeana, Wikipedia, and many others...

For a complete list of Soldiershop titles please contact Luca Cristini Editore on our website: www.soldiershop.com or www.cristinieditore.com. E-mail: info@soldiershop.com

Titolo: **REPARTI ALPINI NELLA R.S.I.** Code.: **WTW-002**
Di Carlo Cuccut e Paolo Crippa. Cover colored images di Roberto Costanzo (Ro Color) e Anna Cristini
ISBN code: 978-88-93274456 prima edizione Marzo 2019
Lingua: Italiano & English Nr. di immagini: 82 dimensione: 177,8x254mm Cover & Art Design: Luca S. Cristini

WITNESS TO WAR (SOLDIERSHOP) is a trademark of Luca Cristini Editore, via Orio, 35/4 - 24050 Zanica (BG) ITALY.

WITNESS TO WAR

REPARTI ALPINI NELLA R.S.I.

THE ALPINE TROOPS IN THE ITALIAN SOCIAL REPUBLIC R.S.I.

PHOTOS & IMAGES FROM WORLD WARTIME ARCHIVES

CARLO CUCCUT - PAOLO CRIPPA

ITALIAN & ENGLISH TEXT

BOOKS TO COLLECT

INDICE:

REPARTI ALPINI NELLA R.S.I.   pag. 5

4A DIVISIONE ALPINA "MONTEROSA" pag. 6

Organigramma Divisionale   pag. 7

    1° Reggimento Alpini   pag. 8

    2° Reggimento Alpini   pag. 8

    1° Reggimento Artiglieria Alpina   pag. 8

    Gruppo Esplorante Divisionale "Cadelo"   pag. 10

4° REGGIMENTO ALPINI DIVISIONE "LITTORIO"   PAG. 20

    Battaglione Alpini "Varese"   pag. 21

    Battaglione Alpini "Bergamo"   pag. 22

    Battaglione Alpini "Edolo"   pag. 23

    104ª Compagnia Cacciatori di Carro   pag. 23

I Gruppo Artiglieria Alpina "Gran Sasso" - 2° Reggimento Art. Divisione "LITTORIO"   pag. 29

Reggimento Alpini "TAGLIAMENTO"   pag. 37

IX Battaglione Difesa Costiera   pag. 43

X Battaglione Difesa Costiera   pag. 43

XVI Battaglione Difesa Costiera   pag. 44

Battaglione Alpini "Cadore"   pag. 49

XII Gruppo Artiglieria Postazione Costiera – 37a Batteria Alpina "Julia"   pag. 56

Battaglione Guastatori Alpini "VALANGA" – Divisione Fanteria di Marina "DECIMA"   pag. 59

I Compagnia Protezione Impianti   pag. 60

ENGLISH TEXT   pag. 79

English notes to the captions in the book   pag. 98

REPARTI ALPINI NELLA R.S.I.

Da quando il Corpo fu costituito nel 1872, gli Alpini sono sempre stati individuati come i soldati simbolo dell'Esercito Italiano, combattendo e conquistandosi la stima e il rispetto degli avversari durante tutti i conflitti nei quali sono stati impiegati, dalle Guerre Coloniali alla Grande Guerra sulle Alpi, dalla Campagna d'Etiopia alla Campagna di Russia (dove risultò l'unico Corpo invitto durante l'intera campagna), dall'Africa Orientale alla Campagna contro la Grecia per finire ai Balcani.
Nel settembre 1943 erano 6 le Divisioni Alpine inquadrate nel Regio Esercito: "*Julia*", "*Cuneense*", "*Tridentina*", "*Pusteria*", "*Taurinense*" e "*Alpi Graie*", oltre a vari Reggimenti di marcia e Raggruppamenti autonomi impiegati soprattutto nei Balcani nella lotta antipartigiana. Alla data dell'8 settembre la "*Julia*", la "*Cuneense*", la "*Tridentina*" e la "*Alpi Graie*" si trovavano nel nord Italia, con le prime tre in ricostruzione dopo la tragica ritirata di Russia, la "*Pusteria*" in rientro dalla Francia meridionale, dove operava come truppa di occupazione, in Piemonte, la "*Taurinense*" di presidio nel Montenegro. L'Armistizio coinvolse pesantemente le truppe Alpine, soprattutto quelle impegnate nella lotta contro i partigiani nei Balcani. La "*Taurinense*" scelse di combattere a fianco dell'Esercito di Tito e, con la Divisione di Fanteria "*Venezia*", costituì la Divisione "*Garibaldi*", che combatté fino alla fine della guerra per la liberazione della Jugoslavia; la "*Pusteria*" venne colta dall'armistizio durante il trasferimento tra la Francia e l'Italia e si sciolse, con forti nuclei di Alpini che andarono a formare le prime bande partigiane nelle vallate cuneesi, affrontando i primi conflitti a fuoco con le truppe tedesche; le altre Divisioni si sciolsero nelle località dove erano accantonate, con gruppi di Alpini che si dettero alla macchia in montagna confluendo nelle prime formazioni partigiane, mentre altri tornarono a casa, in attesa di capire gli sviluppi della situazione creatasi e molti finirono catturati dai tedeschi e internati nei lager in Germania e Polonia. L'Armistizio, oltre a tutto lo sconvolgimento che provocò in termini politici, sociali e militari, comportò la spaccatura dell'Italia in due, con la linea di divisione individuata dal fronte di guerra. Al sud, sotto la giurisdizione degli Alleati, si trasferì la Casa Regnate con il Governo Badoglio che ricostituì il Regio Esercito cobelligerante; al nord, il 23 settembre 1943, venne costituita la Repubblica Sociale Italiana, alleata con i tedeschi, con a capo il Duce Benito Mussolini, che nominò il Maresciallo Rodolfo Graziani Ministro della Difesa, con il compito di costituire le nuove Forze Armate. Il compito del Maresciallo Graziani era certamente molto difficoltoso, stante la notevole diffidenza dei tedeschi a fidarsi degli italiani dopo l'Armistizio e le difficoltà per l'approvvigionamento del materiale, la cui produzione era oramai totalmente gestita dall'ingombrante alleato. Neanche al sud le cose erano migliori, i nuovi vertici militari dovettero lottare lungamente per poter costituire dei Reparti combattenti, visto che gli Alleati intendevano utilizzare unicamente i soldati italiani per compiti di presidio o di manovalanza. Nonostante tutte le varie difficoltà le nuove Forze Armate dei due Eserciti lentamente vennero costituite e, tra i loro Reparti, furono presenti anche i Reparti Alpini, anche se con una presenza minima al sud e una presenza ben più consistente nella Repubblica Sociale.
Nei primi giorni dopo l'armistizio in molte località in Italia e all'estero, singoli Alpini o gruppi o interi Reparti organici, scelsero di continuare a combattere a fianco del vecchio alleato tedesco, venendo da questi utilizzati o nei loro Reparti o autonomamente. Costituitasi la Repubblica Sociale e la struttura dell'Esercito Nazionale, con l'emanazione dei bandi di arruolamento, il forte afflusso dei volontari e la scelta dei militari internati di rientrare in servizio nel nuovo Esercito, si dette l'avvio alla costituzione delle Forze Armate della R.S.I. nelle quali svolsero un ruolo primario gli Alpini. I principali Reparti Alpini costituiti durante la R.S.I. nel periodo 1943 – '45 furono:

- *4ª Divisione Alpina "Monterosa"*
- *4° Reggimento Alpini - Divisione "Littorio"*
- *I Gruppo Artiglieria Alpina "Gran Sasso" - 2° Reggimento Artiglieria - Divisione "Littorio"*

- *Reggimento Alpini "Tagliamento"*
- *Battaglione Alpini "Cadore"*
- *IX - X – XVI Battaglione Alpini Difesa Costiera*
- *Battaglione Guastatori Alpini "Valanga" - Divisione "Decima Mas"*
- *37ª Batteria Alpina "Julia"*
- *Compagnia Protezione Impianti*

4a Divisione Alpina "MONTEROSA"

A seguito degli incontri tra Mussolini e Hitler, seguiti da quelli tra Graziani, Rahn e Wolf, concretizzatisi con il successivo Protocollo Buehle - Canevari, concernenti il nuovo Esercito della Repubblica Sociale Italiana, venne dato il via alla costituzione delle quattro nuove Divisioni italiane, addestrate, armate e con organico similare alle divisioni della Wehrmacht, una delle quali Alpina. Venne quindi ufficialmente costituita, il 1° gennaio 1944, la 4ª Divisione Alpina *"Monterosa"* presso il Compagnia ComandoG.U. di Vercelli con le reclute delle classi 1924 e 1925 che, a metà febbraio, raggiunsero, nei campi di addestramento di Heuberg, Feldstetten e Munsingen, quei militari che, nell'ottobre del 1943, avevano costituito un Battaglione di istruzione, ai quali si erano aggiunti i militari ex internati e tutti quei reparti Alpini che, trovatisi all'estero alla data dell'8 settembre 1943, avevano aderito alla R.S.I. ed erano stati avviati a Munsingen. Si trattava del Battaglione *"Exilles"*, giunto dal Montenegro, degli ufficiali del Gruppo Battaglione Alpini *"Valle"*, dalla Grecia, di elementi del XX Raggruppamento Sciatori dalla Francia. Furono questi i reparti che costituirono l'ossatura della Divisione *"Monterosa"*. Nei campi di addestramento iniziò un duro periodo di apprendimento secondo le tecniche in uso nell'Esercito tedesco, sotto il costante ed estenuante controllo degli istruttori tedeschi. Un addestramento totalmente nuovo anche per i militari di professione o con lunghi anni di guerra alle spalle, svolto con ogni condizione climatica e con pochi periodi di riposo. In soli sei mesi di duro lavoro, venne completato l'addestramento, l'armamento e raggiunto un buon amalgama fra i Reparti. Il 16 luglio la Divisione *"Monterosa"*, schierata al completo nel campo di Munsingen, venne passata in rassegna dal Duce che, dopo un caloroso discorso, consegnò le bandiere di combattimento ai Reggimenti. Subito dopo la cerimonia, iniziò il trasferimento dei reparti verso l'Italia, raggiunta nella seconda metà del mese di luglio con convogli ferroviari frequentemente disturbati da incursioni aeree alleate, dove venne schierata in Liguria, entrando a far parte dell'Armata Liguria al comando del Maresciallo Graziani, sostituendo con funzioni antisbarco una divisione tedesca. La Divisione venne schierata con il Comando a Terrarossa di Carasco e i reparti nella Riviera di Levante, dislocati sulla costa e nell'entroterra, con funzioni antisbarco, di controllo e presidio delle strade che collegano la costa ligure alla Pianura Padana. Il settore assegnato alla Divisione, che andava da Nervi a Levanto, incluse, fu diviso in due sottosettori reggimentali: il 1° Reggimento Alpini ebbe quello da Nervi a Sestri Levante esclusa, il 2° Reggimento Alpini da Sestri Levante a Levanto, il 1° Reggimento Artiglieria divise i Gruppi a sostegno dei due Reggimenti. Il Gruppo Esplorante e il Battaglione *"Ivrea"* furono utilizzati come riserve divisionali, così come il Battaglione Pionieri, meno due Compagnie utilizzate presso i Reggimenti per i lavori di fortificazione. Gli altri Reparti Divisionali furono dislocati nell'entroterra nella zona di Cicagna. I Reparti della *"Monterosa"* presero possesso delle postazioni preesistenti e ne costruirono di nuove, migliorando notevolmente la sottile linea di difesa esistente. Era il periodo nel quale si attendeva l'apertura di un ulteriore fronte da parte degli Alleati e non era chiaro dove sarebbe avvenuto lo sbarco, collocato comunque tra la Liguria e la Francia. Finita l'emergenza in Liguria, a seguito dell'avvenuto sbarco Alleato in Provenza nell'agosto 1944, la *"Monterosa"* smise di essere impiegata come unità organica unica. Alcuni Battaglione furono trasferiti in periodi diversi sul fronte delle Alpi Occidentali, dove operarono dal settembre 1944 all'aprile 1945 respingendo gli attacchi delle forze franco-americane; una consistente aliquota con lo stesso Comando di Divisione, dislocato nell'occasione a Camporgiano, venne trasferita sul fronte meridionale, in Garfagnana, dove fra il fiume Serchio e le Alpi Apuane, sbarrò il passo alle forze della 5ª Armata americana, partecipando alla offensiva "*Wintergewitter*" di Natale; altri suoi Reparti rimasero di presidio in Liguria. Alla fine del mese di marzo 1945, i Reparti della Divisione "*Monterosa*" erano così dislocati: in Piemonte - cinque Battaglione, due Gruppo di Artiglieria e il Comando del 2° Reggimento; in Liguria - Comando del 1° Reggimento, un Battaglione, il Gruppo Esplorante e un Gruppo di Artiglieria; in Garfagnana - un Battaglione, un Gruppo di Artiglieria e il Battaglione Pionieri; nella Valle d'Aosta - una Batteria. Nella primavera del 1945, quando il nucleo più consistente della Divisione venne schierato in Piemonte a difesa del confine delle Alpi Occidentali, il Comando di Divisione si insediò a Samone, nel castello Pallavicini-Mossi. La fine delle ostilità vide quindi i reparti della "*Monterosa*" schierati su vari fronti, collocati geograficamente in tre distinte regioni e con problemi nel mantenere i contatti con il Comando di Divisione. La Divisione "*Monterosa*" si sciolse il 28 aprile 1945, a seguito dell'ordine di cessare le ostilità emanato dal Maresciallo Graziani, alcuni suoi Reparti si arresero solo ai primi di maggio.

Primo Comandante della Divisione, il Colonnello Umberto Manfredini, successivamente il generale Goffredo Ricci, quindi il generale Mario Carloni, infine il Colonnello Giorgio Milazzo.

Organigramma Divisionale[1]

1° Reggimento Alpini
Compagnia Comando Reggimentale
Battaglione "*Aosta*" – 1ª 2ª 3ª 4ª 5ª Compagnia
Battaglione "*Bassano*" – 6ª 7ª 8ª 9ª 10ª Compagnia
Battaglione "*Intra*" – 11ª 12ª 13ª 14ª 15ª Compagnia
101ª Compagnia Cacciatori Carro
Carro Colonna leggera
Carreggio e Salmerie
Compagnia collegamenti

2° Reggimento Alpini
Compagnia Comando Reggimentale
Battaglione "*Brescia*" – 1ª 2ª 3ª 4ª 5ª Compagnia
Battaglione "*Morbegno*" – 6ª 7ª 8ª 9ª 10ª Compagnia
Battaglione "*Tirano*" – 11ª 12ª 13ª 14ª 15ª Compagnia
102ª Compagnia Cacciatori
Colonna leggera
Carreggio e Salmerie
Compagnia collegamenti

1° Reggimento Artiglieria da Montagna
Batteria Comando Reggiemntale
1° Gruppo Artiglieria Someggiato "*Aosta*" - Batteria Comando, 1ª, 2ª, 3ª Batteria obici 75/13
2° Gruppo Artiglieria Someggiato "*Bergamo*" - Batteria Comando, 4ª, 5ª, 6ª Batteria obici 75/13
3° Gruppo Artiglieria Someggiato "*Verona*" (poi "*Vicenza*") - Batteria Comando, 7ª, 8ª, 9ª Batteria obici 75/13
4° Gruppo Artiglieria Ippotrainato "*Mantova*" - Batteria Comando, 10ª, 11ª, 12ª Batteria obici 100/17 (poi FH18-10,5)
Colonna leggera
Batteria Anticarro

I Gruppo Esplorante (Bersaglieri) [2]
Reparto Comando
1° e 2° Squadrone leggero - 3° Squadrone pesante dotato di cannoni c.c. Pak 40 e obici IG 18 da 75/10.

Reparti Divisionali
Battaglione Pionieri – Compagnia Comando, 1ª, 2ª, 3ª Compagnia.
Battaglione Collegamenti - Compagnia Comando – 1ª, 2ª, 3ª Compagnia.

---

1   Il 2 febbraio 1945 fu incorporato nella Divisione "Monterosa" il Battaglione Alpini "Cadore", proveniente dal "Raggruppamento Cacciatori degli Appennini", in qualità di reparto esplorante. Durante la permanenza in Liguria vennero costituite 6 compagnie d'allarme, prelevate dai Battaglione, e raggruppate nei Battaglione Operativi fuori quadro "Saluzzo" e "Vestone" che svolsero compiti di sicurezza nelle retrovie, con scarso impegno dovuto alla scarsa coesione di tali reparti raccogliticci.

2   Il Gruppo Esplorante, dopo la morte del comandante maggiore Cadelo, prese il suo nome.

Battaglione Trasporti - Compagnia Comando – 1ª Compagnia Carreggio, 2ª e 3ª Compagnia Ippotrainata, 1ª e 2ª Compagnia Autocarri.
Reparto Sanità:1ª e 101ª Compagnia Sanità, 2 nuclei ospedalieri, 1 nucleo chirurgico, Sezione Autoambulanze.
Reparto intendenza su 6 compagnie - Amministrazione, Panettieri, Macellai, Veterinaria, Officina, Sussistenza
Compagnia Controcarro Divisionale
Battaglione Complementi "*Ivrea*"
Battaglione Istruzione formato a ottobre 1943 e sciolto nel gennaio del 1944.
Reparto Gendarmeria da campo e tre sez. Polizia Militare fornite dalla G.N.R.
Tribunale e Carcere Militare
Deposito Divisionale

1° Reggimento Alpini

Il **1° Reggimento Alpini** venne costituito, ad Aosta, il 24 dicembre 1943 inquadrando nel suo organico i Battaglione Alpini "*Aosta*", "*Bassano*" ed "*Intra*", la Compagnia Cacciatori di Carri (16ª), la Compagnia Collegamenti ed altri reparti reggimentali. Nel 1945 incorporò la 17ª Compagnia Autonoma del Capitano Scattolin. Trasferito nei primi mesi del 1945 in Germania, venne addestrato nei campi di Heuberg, Feldstetten e Munsingen, località dove il 16 luglio 1944 ricevette la bandiera di combattimento dal Duce. Iniziò subito il rientro in Italia dove, tra fine luglio e inizio agosto, venne schierato, in funzione antisbarco, in Liguria nella Riviera di Levante, con il Comando dislocato a Cicagna e i Battaglione schierati a difesa del settore tra Nervi e Lavagna, provvedendo inoltre alla sicurezza delle vie di comunicazione e di rifornimento nell'entroterra minacciate dall'azione dei partigiani. A seguito dello sbarco degli Alleati in Provenza, il Reggimento ricevette l'ordine di trasferire il Battaglione "*Bassano*" in Piemonte sul fronte delle Alpi Occidentali, tra la Val Varaita e la Val Maira, in provincia di Cuneo. Alla fine di ottobre, il **1° Reggimento** iniziò il trasferimento verso il fronte della Garfagnana. Il Comando di Reggimento si trasferì con il Battaglione "*Intra*", la 1ª Compagnia del Battaglione "*Aosta*" e i reparti reggimentali. La sede del Comando venne collocata a Castelnuovo Garfagnana, mentre i Reparti, da esso dipendenti, si schierarono dal Monte Altissimo a Monte Romecchio, nella Valle del Serchio. Il Reggimento rimase in Garfagnana sino al febbraio 1945, partecipando attivamente a tutti gli scontri che si svilupparono nell'inverno 1944/45, compreso l'offensiva "*Wintergewitter*" di Natale. A fine febbraio '45, lasciato il Battaglione "*Intra*" nella Garfagnana, il **1° Reggimento** ritornò in Liguria, dislocato tra Carasco e San Colombano, con i reparti dipendenti dislocati tra Sestri Levante, Terrarossa e Borgonovo, dove rimase sino alla fine delle ostilità, al comando di un Gruppo di Combattimento comprendente i reparti Reggimentali, il Gruppo Esplorante "*Cadelo*", il Battaglione "*Uccelli*" della Divisione "*San Marco*", e tutti gli altri reparti della "*Monterosa*" rimasti in Liguria. Il 24 aprile 1945, raggruppati tutti i Reparti dipendenti, iniziò il ripiegamento verso la Pianura Padana e il Po, da raggiungere attraverso il Passo della Scoffera. Nei giorni 25, 26 e 27 sostenne combattimenti contro le avanguardie Alleate sull'Entella, al Passo della Ruta e a Recco. Il 27 pomeriggio, ad Uscio, l'intera forza al comando del Colonnello Pasquali, circondata dalle truppe Alleate, constatata l'inutilità della prosecuzione dei combattimenti, trattò la resa ricevendo l'onore delle armi da parte degli americani.
Primo Comandante del Reggimento, il tenente colonnello Armando Farinacci, successivamente, sino alla fine delle ostilità, il Colonnello Aldo Pasquali.

2° Reggimento Alpini

Il **2° Reggimento Alpini** venne costituito a Milano il 1° gennaio 1944, comprendendo i Battaglione "*Brescia*", "*Morbegno*" e "*Tirano*", la Compagnia ComandoR., la Compagnia Collegamenti, la 102ª Compagnia Cacciatori di Carri, la Colonna Leggera (Salmerie), un Plotone Cannoni. Compì l'addestramento nei campi di Heuberg e Munsingen, dove il 16 luglio 1944 ricevette la bandiera di combattimento. Rientrato in Italia alla fine di luglio, venne schierato in Liguria, nella Riviera di Levante, con i reparti dislocati nel settore difensivo divisionale di sinistra, tra Sestri Levante e Levanto, in funzione antisbarco sulla costa e, verso l'entroterra lungo i passi e i crinali appenninici, di difesa delle vie di comunicazione con la Pianura Padana dalle incursione dei partigiani. Avvenuto lo sbarco in Provenza a metà agosto, il Reggimento trasferì, ai primi di settembre, il Battaglione *"Tirano"* sul fronte alpino a difesa del Colle del Monginevro e dei passi della Val Chisone. Alla fine di ottobre trasferì il Battaglione *"Brescia"* sul fronte della Garfagnana (al quale venne aggregata la 1ª Compagnia dell'Aosta) dove rimase sino alla metà di febbraio 1945, quando si ricongiunse al Reggimento. Il Comando del Reggimento, con i Reparti Reggimentali,e il Battaglione *"Morbegno"*, operarono per la sicurezza logistica delle retrovie, partecipando alle grandi operazioni di rastrellamento antipartigiani del periodo settembre-ottobre. Ai primi di febbraio 1945 il Comando di Rgt,con i suoi Reparti Reggimentali, e il Battaglione *"Morbegno"*, vennero trasferiti sul fronte delle Alpi occidentali, schierandosi a difesa delle Valli di Viù, Ala e Val Grande, con il Comando a Lanzo. Nel marzo venne raggiunto dal Battaglione *"Brescia"* che si schierò nella Valle di Locana a destra del *"Morbegno"*. Con l'arrivo del *"Brescia"*, il Reggimento si estese su un fronte di circa cento chilometri, fra la Valle di Locana e la Val Chisone, su una linea difensiva ove erano dislocati anche reparti tedeschi, ad una altitudine sempre superiore ai 2.000 metri con postazioni ed osservatori tra i 2.500 e i 3.000 metri, con catene montuose elevate che rendevano incomunicanti le vallate. Sino alla fine delle ostilità, venne svolta solamente una attività di presidio e antipartigiana. Il 25 aprile giunse l'ordine di ripiegamento al Comando del **2°** Reggimento, l'ordine venne trasmesso al *"Morbegno"*: ritirare i presidi al confine, radunare le Compagnia e scendere a Lanzo. Mentre i reparti del *"Morbegno"* iniziavano i preparativi per il ripiegamento, la Compagnia Cacciatori di Carri partì per la pianura abbandonando il Reggimento e la Colonna Leggera passò con i partigiani. Presso il Comando del Reggimento rimasero quindi il Comandante, due ufficiali e pochi uomini, che furono costretti a chiedere la resa ai partigiani, era il mattino del 26 aprile 1945. Anche in questo caso l'accordo raggiunto non fu rispettato, cosicchè vennero fucilati cinque ufficili, cinque sottufficiali e tre Alpini.

Primo Comandante del Reggimento, il Colonnello Umberto Manfredini, successivamente, il Colonnello Policarpo Chierici, quindi il Colonnello Giorgio Milazzo, infine il Capitano Lorenzo Malingher, fucilato il 5 maggio dai partigiani.

1° Reggimento Artiglieria Alpina

Il **1° Reggimento Artiglieria Alpina** venne costituito a Pavia il 1° gennaio 1944, inquadrando nel suo organico, oltre alla Batteria Comando Reggimentale, i Gruppi someggiati *"Aosta"*, *"Bergamo"*, *"Verona"* (poi *"Vicenza"*) ciascuno su tre Batteria da 75/13 ed il Gruppo ippotrainato *"Mantova"* su tre Batteria da 100/17. Trasferito in Germania completò l'addestramento nei campi di Feldstetten, Heuberg, Gruorn e Gaensewag. Il 16 luglio ricevette la bandiera di combattimento e iniziò le operazioni per il trasferimento in Italia. Rientrato in Italia alla fine di luglio, venne schierato in Liguria in posizione di appoggio allo schieramento antisbarco da Nervi a Levanto, con il Gruppo *"Bergamo"* in appoggio al **1° Reggimento** Alpini, il Gruppo *"Aosta"* in appoggio al **2° Reggimento** Alpini, il Gruppo *"Vicenza"* nella zona di Leivi e il Gruppo *"Mantova"* in zona Caperana, il Comando del Reggimento venne collocato prima a Cicagna poi a San Colombano. Dal 27 luglio al 2 novembre, incorporò alle sue dipendenze anche il **6° Gruppo** Artiglieria P.C. schierato nella zona di Chiavari. A seguito dello sbarco Alleato in Provenza, il Reggimento perdette il Gruppo *"Vicenza"*, inviato in Piemonte, sul fronte delle Alpi Occidentali, per difendere i passi Alpini. Alla fine di ottobre il Comando, la B.C.R., i Gruppi *"Bergamo"* e *"Mantova"* vennero trasferiti sul fronte della Garfagnana, operando in appoggio ai reparti italo-tedeschi schierati nel settore delle Alpi Apuane, con il Comando dislocato a Poggio e i Gruppo *"Bergamo"* e *"Mantova"* schierati alla sinistra del settore difensivo. Durante il ciclo operativo nella Garfagnana, alle dipendenze del Reggimento operarono anche tre gruppi di artiglieria tedeschi presenti in zona e, nell'offensiva *"Wintergewitter"*, tutta l'artiglieria italo–tedesca schierata per l'azione venne diretta dal Colonnello Grossi. Nel mese di febbraio 1945, il Comando di Reggimento, la B.C.R. e il Gruppo *"Mantova"* ritornarono in Liguria per poi proseguire verso il Piemonte, nuova dislocazione del **1° Reggimento Artiglieria**. Il Gruppo *"Bergamo"* rimase sino alla fine delle ostilità sul fronte della Garfagnana, formando alla fine di aprile un Gruppo di Combattimento con il Battaglione *"Intra"*. Il Gruppo *"Aosta"* invece venne impiegato sempre in Liguria, partecipando alle operazioni di pulizia delle vie di comunicazione verso la Pianura Padana. Il Comando di Reggimento si sciolse ad Ivrea alla fine di aprile 1945, a seguito dell'ordine di deporre le armi dato dal Maresciallo Graziani.

Primo Comandante del Reggimento, il tenente colonnello Binda, successivamente il tenente colonnello Cesare D'Antonio, quindi il tenente colonnello (poi colonnello) Luigi Grossi.

Gruppo Esplorante Divisionale "Cadelo"

Il Gruppo Esplorante venne costituito a Vercelli, nel gennaio 1944, con bersaglieri provenienti dal 4° Reggimento di Torino e dal 5° Reggimento di Siena come ***XXIII Gruppo Esplorante "Fiamme Cremisi"***. Nello stesso mese venne inquadrato nella **4ª Divisione Alpina** *"Monterosa"*, come reparto esplorante, quindi trasferito in Germania dove compì l'addestramento nel campo di Feldstetten. Rientrato alla fine di luglio in Italia, venne dislocato a Borzonasca con le funzioni di riserva divisionale. Partecipò, alla fine di agosto, alla grande operazione per la sicurezza delle vie di comunicazione alle spalle dello schieramento antisbarco. Partendo da Borzonasca marciò verso Rezzoaglio e giunse a S. Stefano d'Aveto il 28, dopo alcuni combattimenti contro le forze partigiane e il superamento di notevoli interruzioni stradali, catturando una notevole quantità di armi e automezzi. Dopo tale operazione rimase di presidio nella Val d'Aveto con sede a Rezzoaglio e presidi a S. Stefano. A fine settembre distaccò un Plotone di presidio al Passo del Bocco. Il 27 settembre, a S. Stefano d'Aveto, con la classica imboscata partigiana, venne ucciso il maggiore Cadelo, Comandante del Gruppo. In suo onore da quel giorno il Gruppo Esplorante assunse il suo nome: *"Gruppo Esplorante Cadelo"*. Ai primi di novembre, a seguito del passaggio di gran parte del *"Vestone"* ai partigiani, effettuò rastrellamenti nella zona di Barbagelata recuperando Alpini, armi, munizioni e quadrupedi. Alla fine di ottobre venne trasferito sul fronte della Garfagnana dove, dal 2 novembre, giunto a Piazza al Serchio fu destinato alla funzione di riserva divisionale. Ma appena due giorni dopo, il 4 novembre, mandò in linea prima un Plotone del 2° Squadrone, poi tutto lo Squadrone e quindi vi si trasferì al completo. Venne schierato ad ovest del fiume Serchio nel settore : Sassi-Eglio-Monte Grottorotondo-Le Rocchette, inserendosi tra gli Alpini dell'*"Intra"* e i marò del *II* Battaglione *"Uccelli"* della Divisione *"San Marco"*, sulla linea Case Pozza-Case Cornola, con il Plotone cannoni, con quattro pezzi da 75/27 da cavalleria, posto a Eglio. Purtroppo la linea difensiva era molto rarefatta, visto che le postazioni, difese da 4 o 5 bersaglieri, distavano l'una dall'altra due o trecento metri. Partecipò attivamente ai combattimenti difensivi a seguito delle offensive americane del mese di novembre, per la riconquista delle quote 832, 1029, 1031 e 1068 raggiunte dagli americani, quindi contrattaccò lo schieramento nemico con pattuglie in profondità. Alla fine di novembre, il 2° Squadrone subì alcuni attacchi dei partigiani che portarono alla cattura di molti bersaglieri e alla perdita di alcune posizioni. La tecnica adottata era sempre la medesima: partigiani travestiti da bersaglieri o Alpini si avvicinavano alle postazioni e non appena entrati in esse facevano prigionieri i militari. A seguito del recupero di un carteggio di una brigata partigiana, si venne in possesso dei nominativi di quattro ufficiali del *"Cadelo"* che erano in contatto con i partigiani: tre vennero catturati e uno riuscì a fuggire. Da quel momento le aggressioni ai danni degli uomini del *"Cadelo"* finirono. Nel mese di dicembre partecipò attivamente al fallimento dell'offensiva, lanciata il 12 dagli americani della 92ª *"Buffalo"* con l'appoggio dei partigiani operanti alle spalle dei difensori, mirante alla conquista di quota 832. Durante l'offensiva *"Wintergewitter"* del Natale 1944, Il *"Cadelo"* venne destinato a compiere una delle quattro puntate dimostrative previste dal piano d'attacco. Occupata quasi subito Calomini, aggirò Vergemoli e, attraversata la Turrite di Gallicano, raggiunse Fornovolasco e Trassilico, proseguendo quindi con l'attività delle pattuglie in profondità entro le linee nemiche, nella zona di Trombacco. Durante queste operazioni, al *"Cadelo"* venne aggregata una Compagnia di bersaglieri della 1ª Divisione "*Italia*", prima unità di questa Divisione a raggiungere il fronte. Dalla fine dell'offensiva di Natale fino al febbraio 1945, il "*Cadelo*" rimase schierato nelle posizioni apprestate sulla nuova linea difensiva. Ai primi di febbraio venne sostituito in linea dal *III Battaglione 1° Reggimento* Bersaglieri Divisione "*Italia*", iniziando il trasferimento verso la Liguria. Durante il tragitto venne inviato a sostegno della 148ª Divisione, per rioccupare alcune posizioni nel settore di Massa, ed infine giunse il 23 febbraio in Liguria, collocando il Comando e due Squadrone tra Terrarossa e Borgonuovo e l'altro Squadrone a Sestri Levante. A metà marzo compì un rastrellamento nell'entroterra verso i Passi appenninici. Il 24 aprile il "*Cadelo*" si riunì a Chiavari con gli altri Reparti della "*Monterosa*", al Comando del Colonnello Pasquali, e iniziò il ripiegamento verso il Po, incolonnato ad essi. Nei giorni 25, 26 e 27 aprile sostenne combattimenti di retroguardia contro le avanguardie americane sull'Entella e sulla Ruta. Il 27 aprile a nord di Uscio si arrese con l'onore delle armi.

Primo Comandante del Gruppo, il maggiore Girolamo Cadelo, successivamente, il Capitano Gustav Weintz, quindi il tenente colonnello Emanuele Andolfato, infine il maggiore Villa.

Organico Totale

La forza complessiva della Divisione assommava a circa 19.500 uomini tra Ufficiali, Sottufficiali, Graduati e Truppa. I Reparti Divisionali avevano una forza complessiva di circa 5.500 uomini, i Reparti Reggimentali di 550. Ogni Battaglione era formato da: Compagnia Comando, tre Compagnia di fucilieri, una di armi pesanti. Ogni Compagnia era costituita da 220 uomini, la Pesante da 300, per una forza complessiva del Battaglione di circa 1.100/1.200 uomini. La forza dei Reparti del Reggimento di Artiglieria era di circa 450 uomini, i Gruppi erano di circa 1.100 uomini e le Batterie di 300/350.

Armamento in Dotazione

480 M.G. 42
46 Mortai 80 mm
37 Obici 75/13 Skoda
12 Obici 100/17 sostituiti da obici FH 18 10,5 tedeschi
33 Cannoni Anticarro e da Fanteria, Pak 40 e obici IG 18 da 75/10 tedeschi.
15 Mitragliere 20 mm
I 20 cannoni anticarro (75/43) furono sostituiti da 36 Panzerschreck
Ampia dotazione di Panzerfaust
In qualche reparto erano presenti mitragliatrici Breda 37

Automezzi

Il Gruppo Esplorante rientrò dalla Germania con questi mezzi in dotazione: 20 Autocarri, 6 Automobili, 12 Motociclette, 1 Autoambulanza, dotazione completa di biciclette. Il resto dei Reparti aveva una carenza che sfiorava la metà dei quadrupedi previsti dalle tabelle di armamento e un terzo dei mezzi da trasporto. Alla data del 1° marzo 1945, secondo il rapporto circa la situazione delle unità italiane redatto dal Comando tedesco, erano in dotazione alla "*Monterosa*": 96 motocicli, 89 autovetture, 127 camion, 14 trattori, 678 carrette, 618 biciclette, 2198 cavalli e muli. Di questi mezzi una notevole quantità non era disponibile perché fuori uso.

Caduti della "MONTEROSA"

A tutto il 2004, sono stati individuati 1097 caduti dei quali 38 ignoti e 342 uccisi dai partigiani, di cui 133 dopo il 25 aprile.

▲ Artiglieri Alpini della Divisione "Monterosa" in addestramento a Munsingen; il pezzo al traino è un 75/13 (Archivio "Monterosa")

▼ Squadra di Alpini della Divisione "Monterosa" si addestra all'assalto nel campo di Munsingen, nel Baden Württemberg (Archivio "Monterosa")

▲ Santa Messa al campo di Munsingen, dove fu addestrata la Divisione "Monterosa" (archivio Monterosa).
▼ Alpini in marcia nel campo di Munsingen (archivio Monterosa).

▲ Alpini del Battaglione "Brescia" della Divisione "Monterosa" al presidio sul passo del Bracco (GE) dopo il rientro della Divisione in Italia (Archivio "Monterosa")

▼ Alpini della 102a Compagnia Cacciatori di Carri sul fronte delle Alpi con cannone anticarro tedesco Pak 40 (Archivio "Monterosa")

▲ Cerimonia di consegna delle bandiere di guerra ai tre Reggimenti della Divisione "Monterosa" il 16 luglio 1944 a Munsingen (Archivio "Monterosa")

▼ Gruppo di Alpini del Battaglione "Intra" della Divisione "Monterosa" in Garfagnana (Archivio "Monterosa")

▲ Alpini del Gruppo Artiglieria "Vicenza" mettono in batteria un obici da 75/13, portato sul luogo a dorso di mulo, sul fronte delle Alpi occidentali (Archivio "Monterosa")

▼ Addestramento al tiro nel poligono del campo di Munsingen per gli Alpini della Divisione "Monterosa" (Archivio "Monterosa")

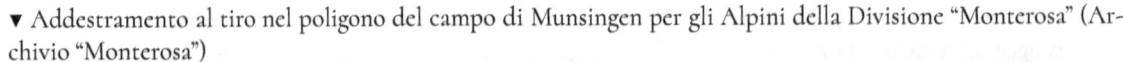

▲ Il Generale Mario Carloni, Comandante della Divisione "Monterosa"; si notano le insegne di grado e le mostrine con il gladio, tipiche delle Forze Armate della R.S.I. (Archivio "Monterosa")

▼ Alpini del Battaglione "Bassano" della Divisione "Monterosa" di presidio a Casteldelfino (CN) (Arch. "Monterosa")

▲ Alpini del Gruppo Artiglieria "Bergamo" della Divisione "Monterosa" predispongono apprestamenti difensivi in Garfagnana, dove la Divisione combatté contro gli Alleati nell'inverno 1944 - 1945 (Archivio "Monterosa")

▼ Gruppo di Alpini del Battaglione "Intra" della Divisione "Monterosa" in Garfagnana (Archivio "Monterosa")

▲ Artiglieri Alpini del Gruppo Artiglieria "Mantova" della Divisione "Monterosa" in addestramento a Munsingen; al traino dei cavalli un carro per il rifornimento delle batterie (Archivio "Monterosa")

4° Reggimento ALPINI Divisione "LITTORIO"

La Divisione Granatieri *"Littorio"* venne costituita ufficialmente il 7 aprile 1944 in Germania, nel campo di addestramento di Sennelager, nella Westfalia. Era costituita dal *3° Reggimento* e *4° Reggimento Granatieri* e dal *2° Reggimento Artiglieria*. Costituito quindi inizialmente come *4° Reggimento Granatieri*, nel giugno 1944, a seguito dell'inquadramento nel Reggimento di un consistente nucleo di Alpini provenienti dal disciolto *5° Reggimento Alpini* di stanza a Montecchio Emilia, reclutati in Val Camonica, Val Brembana e Val Seriana, venne trasformato in *4° Reggimento Alpini*. Venne trasferito nel Campo di Munsingen, lasciato libero dalla Divisione *"Monterosa"*, per completare l'addestramento e l'organico, costituito dai Battaglione Alpini *"Edolo"*, *"Bergamo"* e *"Varese"* e dai Reparti Reggimentali. Come il resto della Divisione, trascorse i mesi di luglio ed agosto rischiando di essere sciolto, riprese quindi l'addestramento e, il 18 settembre, il Reggimento venne riunito e passato al vaglio da parte di una commissione composta da ufficiali tedeschi, il cui compito era valutare il grado di efficienza raggiunto dai reparti e deciderne il futuro: il rientro della unità in Italia o il suo scioglimento e l'utilizzo dei militari nella Flak o come operai militarizzati. La prova venne superata positivamente e il Reggimento iniziò i preparativi per il rientro in Italia, che avvenne tra la fine di ottobre e l'inizio di novembre. Il percorso che da Munsingen attraverso la Germania e l'Austria, attraverso il Brennero, portava alla Pianura Padana, fu costellato da notevoli difficoltà causate dai bombardamenti sulle linee ferroviarie, sulle rotabili e sui ponti. La Divisione *"Littorio"* non operò in modo unitario, ma con i suoi Reggimenti sparsi lungo il confine francese, parte in Provincia di Cuneo parte in Valle d'Aosta. Il 4° Reggimento venne schierato nella Valle d'Aosta, raggiunta dai reparti con difficoltà a causa delle forti nevicate, ai primi di dicembre, con il compito di provvedere alla difesa di un sottosettore del Settore di combattimento Aosta, dal Passo Galizia, a sud del Gran Paradiso, fino al Monte Bianco.

Il 4° Reggimento Alpini venne schierato con il Comando a Porta Littoria (odierna La Thuile), la 104ª Compagnia anticarro a Morgex, il Battaglione *"Varese"* sul Piccolo San Bernardo, il Battaglione *"Ber-*

▲ Sono evidenti le dure condizioni in cui questi Alpini del Battaglione "Tirano" della Divisione "Monterosa" si trovarono ad operare in Alta Val Susa nei primi mesi del 1945 (Archivio "Monterosa")

gamo" sul Col de la Seigne, sul Col du Mont e ai lati del "*Varese*". Con questo schieramento in prima linea, vennero sbarrate le strade di accesso alla Valle d'Aosta attraverso il valico del Piccolo San Bernardo, della Valgrisanche, della Valle di Rhemes e della Val Veny, costituendo una linea di resistenza che, appoggiandosi ai capisaldi arretrati del "Vallo 1940", disponeva di avamposti collocati ben quattro chilometri entro il territorio francese. In appoggio ai reparti Alpini, vennero collocate le Batteria del Gruppo Artiglieria da Montagna "*Gran Sasso*" del 2° Reggimento Artiglieria, schierate alle spalle dei reparti in linea e nelle fortificazioni del "Vallo Littorio". Il Battaglione "*Edolo*" venne invece schierato nella Val Susa (TO), nella zona di Bardonecchia, dipendendo operativamente dal comando di settore e rimanendo solo amministrativamente in carico al 4° Reggimento. Il Reggimento non venne quindi impiegato nella sua organicità, come era naturale, ma divise i suoi Reparti tra la Valle d'Aosta e la Valle Susa. Oltre ai suoi Reparti, il 4° Reggimento ebbe ai suoi ordini, durante il ciclo di operazioni, reparti tedeschi di Gebirgsjager e, dal marzo-aprile 1945, la 12ª Batteria del Gruppo "*Mantova*" del 1° Reggimento Artiglieria "*Monterosa*" e i parà dei Battaglione "*Nembo*" e "*Azzurro*" del Reggimento "*Folgore*". I principali combattimenti in cui vennero coinvolti i reparti del Reggimento nel periodo dicembre 1944 - aprile 1945, si svolsero il 21 dicembre 1944, il 23/27/31 marzo e il 9/10 aprile 1945, periodi nei quali si svolsero alcune offensive francesi, ovunque respinte. Oltre a queste date, nelle quali avvennero gli scontri più violenti, si ebbe una costante opera di pattuglie e di azioni di fuoco, con cannoni e mortai, tese ad interrompere sul nascere ogni tentativo dei reparti francesi di compiere audaci colpi di mano contro gli avamposti maggiormente esposti o per riconquistarli laddove aveva avuto successo l'azione di sorpresa dei soldati francesi. Particolarmente difficili furono le operazioni di rifornimento compiute in alta montagna a causa delle difficili condizioni ambientali, l'inverno 1944/45 fu particolarmente rigido e nevoso, nel settore affidato al Reggimento furono molte le vittime, militari e civili militarizzati, travolte da valanghe e slavine. Nelle pesanti corvè, oltre ai Reparti Reggimentali, vennero utilizzati anche degli operai militarizzati con funzioni di portatori, tuttavia l'utilizzo di questa forza lavoro fu anche deleterio, perché tra di loro si annidavano delle spie che trasmisero la giusta dislocazione dei reparti, notizie utilizzate dai francesi per compiere colpi di mano con la cattura di Alpini. Il 4° Reggimento rimase schierato con i suoi reparti sino al 29 aprile 1945, presidiando passi e colli dallo sconfinamento delle truppe francesi, per poi dirigersi verso Aosta ai primi di maggio dove, il giorno 4, Il Colonnello De Felice sciolse il Reggimento e i militari furono avviati verso il Forte di Bard. Occorre ricordare come, sino alla data dello scioglimento, gli Alpini del 4° Reggimento rimasero in armi a fianco dei partigiani del CLN per difendere la Valle d'Aosta dalla occupazione delle truppe francesi, istituendo anche dei posti di blocco comuni. Resta da segnalare che ancora il 5 maggio alcuni Alpini del 4°, dislocati presso la Batteria in caverna da 75/27 sullo Chaz-Dura, aprirono il fuoco con i cannoni sbarrando l'accesso ai francesi, e che solo su pressioni del CLN locale ripiegarono su Aosta, dopo aver sabotato i pezzi, permettendo così finalmente alle truppe francesi di scendere nella Valle d'Aosta. L'opera ritardatrice degli Alpini del 4° Reggimento "*Littorio*", permise agli americani di arrivare ad Aosta il 4 maggio bloccando l'infiltrazione francese. Primo Comandante del Reggimento, il Colonnello Roscioli, successivamente, il Colonnello Armando De Felice.

Battaglione Alpini "Varese"
Il Battaglione "*Varese*", riuscito a raggiungere la Valle d'Aosta prima delle grandi nevicate, venne schierato, tutto unito e in modo organico, al Piccolo San Bernardo, su un fronte che andava dal Mont Valaisan alla Roc Belleface attraverso il Col de Traversette (con avamposto a Roc Noir) e lungo La Commune fino a salire al Clapey. Il Comando del "*Varese*" venne posto alla Villetta, le basi logistiche al Colle e all'Ospizio, le Compagnie su una linea di resistenza, dalla Redoute Ruinèe al Roc Belleface, e su una linea di avamposti ed osservatori posizionati sulle alte quote circostanti, alcune oltre 2800 metri. La 1ª Compagnia venne schierata tra punta del Clapey e La Commune, la 2ª Compagnia tra Roc Noir, Col de Traversette, Mont Valaisan, con i propri avamposti intercalati a quelli di reparti tedeschi, con

la 3ª Compagnia di rincalzo. Lungo la linea di resistenza davanti all'Ospizio, si schierarono la 4ª e la 5ª Compagnia, con un gruppo mortai a quota 2040; più indietro venne dislocata l'artiglieria alpina. Tale schieramento, con i reparti tedeschi intercalati a quelli italiani, venne mantenuto solamente nel mese di dicembre. Il 21 dicembre, dopo un'intensa attività di artiglieria e mortai, i francesi mossero all'attacco di La Comune, contro gli avamposti della 1ª Compagnia. L'attacco ebbe successo e vennero catturate due squadre di Alpini. Scattò l'immediato contrattacco che porta alla riconquista delle postazioni abbandonate dai francesi, nello scontro muore il Comandante della 1ª Compagnia, il tenente Pizzolotto. Il 25 gennaio 1945, nuovo attacco dei francesi contro il forte di Travesette, conquistato e subito perso a seguito del contrattacco degli Alpini appoggiati da reparti tedeschi. A seguito delle perdite subite, delle mutate esigenze tattiche e dei cambi, venne attuata una diversa e meno rigida disposizione dei reparti, attingendo anche a reparti Reggimentali. Nel marzo 1945, lo schieramento del "*Varese*" venne modificato, assumendo il seguente schieramento: la 2ª Compagnia venne posta sulla linea del fronte che a lato della rotabile statale verso la Francia si estendeva attraverso La Commune fino a Roc Belleface con aggregate alcune squadre mortai ed elementi della 4ª e della Reggimentale; la 4ª Compagnia sulla linea di resistenza davanti al piccolo San Bernardo e la 3ª Compagnia sulla linea del fronte da Roc Noir al forte de La Traversette, integrata da reparti tedeschi. Erano inoltre schierati intorno alla Villetta, sede del Comando di Battaglione, e alla cantina 3. Erano presenti osservatori avanzati a Punta de Couloureuse e Punta Clapey. Il 23 marzo nuovo tentativo francese di sfondare la linea di difesa del Traversette, con l'offensiva che nei giorni successivi, 25, 26, 27 e 31, interessò lo schieramento avanzato del "*Varese*" e infine anche quello del "*Bergamo*". Nonostante il pesante appoggio dell'artiglieria franco-americana, l'offensiva si risolte in un disastro per le forze attaccanti, a fronte di pesantissime perdite con oltre 100 caduti, con l'unica conquista della posizione del Roc Noir. Con tale schieramento il "*Varese*" rimase in linea sino al 29 aprile 1945, quando ricevette l'ordine di abbandonare le posizioni e ripiegare su Porta Littoria presso il Comando del Reggimento. Raggiunta Porta Littoria si spostò a Prè S. Didier, da dove venne inviato urgentemente verso il Col di Rhemes per bloccare le avanguardie francesi che, non potendo passare per il Col du Mont ancora bloccato dagli Alpini del "*Bergamo*", tentavano di scendere in Valgrisenche varcando il Colle. A seguito di nuovo ordine del Comando di Reggimento, il Battaglione "*Varese*" riprese quindi il ripiegamento verso Aosta, raggiunta il 2 maggio, dove si accasermò nella Caserma "Chiarle" in attesa degli eventi. Il Battaglione "*Varese*" si sciolse quindi il 4 maggio 1945 a seguito degli accordi di resa concordati tra il Comando del 4° Reggimento e il CLN locale.
Primo Comandante del Battaglione, il Capitano Mancini, successivamente, il maggiore G. Bruno Ghidini.

Battaglione Alpini "Bergamo"
Il Battaglione "*Bergamo*", fortemente ritardato dalle nevicate nel tragitto verso la Valle d'Aosta, giunse in linea a scaglioni e, a differenza del "*Varese*", non venne impiegato unito e in modo organico, ma le sue Compagnie vennero schierate in alta quota su strategici valichi a presidio delle vallate sottostanti. La 6ª Compagnia, dislocata al Col de la Seigne, sbarrava l'ingresso della Val Veny, la 7ª Compagnia, dislocata al Col du Mont, presidiava gli ingressi alla Valgrisenche, mentre la 8ª Compagnia, con il comando ai Laghi Bela Comba, era schierata sui valichi La Lex Blanche e Tachuy, alla sinistra degli avamposti del "*Varese*", quale ala sud del Reggimento. Gli avamposti di questa Compagnia erano inseriti in territorio francese, mentre una linea di resistenza era disposta a valle dell'Ospizio e di alcuni capisaldi arretrati sul "Vallo 1940". Il Comando del "*Bergamo*" era collocato a Leverogne, mentre i Magazzini e il Deposito erano ad Avise. Le forti nevicate resero molto difficoltose l'attività delle pattuglie e le corvè, spesso valanghe e slavine travolsero gli Alpini, causando numerosi caduti e feriti. Particolarmente grave la valanga del 26 gennaio 1945, che travolse una cinquantina di uomini tra Alpini e operai della Cogne, morirono 2 Alpini e 33 operai. Il 30 dicembre i francesi, favoriti da spie, conquistarono la postazione 1 La Lex Blanche. Una pattuglia di 5 Alpini al comando del sottotenente Baldanchini, che stava tra-

sportando rifornimenti al fortino, cadde nell'imboscata dei francesi. Il sottotenente Baldanchini venne colpito e morì mentre veniva trasportato prigioniero in Francia, i 5 Alpini riuscirono a fuggire e ad avvisare il Comando di Compagnia che provvide a riconquistare la postazione. Il 25 gennaio Alpini della 8ª Compagnia vennero trasferiti urgentemente al piccolo San Bernardo per riconquistare, insieme agli Alpini del "*Varese*" e ai tedeschi, il Forte di Traversette. Quindi fino al mese di marzo la solita routine, fatta di pattuglie e tiri di mortaio e artiglieria. Fallita l'offensiva contro le posizioni del "*Varese*" scatenata nelle giornate del 23, 27 e 31 marzo, i francesi rivolsero le loro forze contro la postazione di La Lex Banche difesa dagli Alpini della 8ª Compagnia del "*Bergamo*". Dopo ore di lotta anche questo tentativo francese venne frustrato, con gravi perdite da parte degli attaccanti. Il mese di aprile trascorse senza grandi novità. Lo schieramento iniziale del "*Bergamo*" rimase quindi sostanzialmente immutato dall'entrata in linea nel mese di dicembre 1944 fino a fine aprile. Domenica 29 aprile arrivò l'ordine di iniziare il ripiegamento verso Courmayeur, da dove il "*Bergamo*" proseguì verso Aosta, giungendovi il 2 maggio, per accasermarsi nella Caserma "Chiarle". In ottemperanza agli accordi di resa stipulati dal Comandante del 4° Reggimento con il CLN locale, il "*Bergamo*" si sciolse il 4 maggio 1945 ad Aosta. Comandante del Battaglione, il maggiore Leonardo Rossi.

Battaglione Alpini "Edolo"

Il Battaglione "*Edolo*" giunse in Italia il 7 novembre, a Mezzocorona, direttamente dalla Germania con convoglio ferroviario, proseguendo, dopo aver scaricato i materiali, la marcia per Lavis, continuamente bersagliato da attacchi aerei. Attraversata Trento, fra l'entusiasmo della popolazione, giunse a tarda sera a Calliano, dove si schierò a difesa del paese contribuendo, con i mezzi in dotazione, alla difesa contraerea ed alla riattivazione della linea ferroviaria. Riprese quindi la marcia verso il fronte delle Alpi Occidentali, dove giunse ai primi di dicembre 1944. Il Battaglione venne inserito nel Settore difensivo tenuto dalla 5ª Geb.D, con i Reparti dislocati tra Bardonecchia e Ulzio, con il Comando a Bardonecchia e le Compagnie schierate tra la Valle Stretta e il Colle del Frejus. Tre Compagnia vennero schierate in prima linea dal Col d'Etache fino al Col de la Roue e a protezione della diga di Rochemolles. Compito del Battaglione "*Edolo*", la difesa del confine e degli impianti civili e industriali della zona, dalla possibile offensiva francese che mirava ad occupare parte del territorio italiano da far valere per le trattative di pace. Il Battaglione per cinque mesi svolse brillantemente il compito, impedendo anche, alla fine delle ostilità, che i tedeschi procedessero alle già previste distruzioni, salvando così impianti idroelettrici di grande importanza, come la diga di Rochemolles, ed infrastrutture come gallerie, linee ferroviarie e stradali. Il Battaglione rimase a fianco dei Gebirgsjager fino al 27 aprile 1945, quando, dopo aver raccolto l'avamposto distaccato allo Chalet Pelouche, ripiegò verso la pianura, dove si sciolse ai primi di maggio a Leinì. Una parte degli Alpini scelse di rimanere a Bardonecchia, schierandosi con i partigiani, e partecipò ai combattimenti contro i tedeschi in ritirata dalla Val Susa, sfilando a Torino alla fine delle ostilità. Comandante del Battaglione, il maggiore Biagio Rozbowski.

104ª Compagnia Cacciatori di Carro

La Compagnia Cacciatori di Carro venne dislocata a Morgex, operando come riserva mobile del Reggimento e distaccando sue squadre a sostegno delle postazioni dei Battaglione "*Bergamo*" e "*Varese*". Alla fine delle ostilità seguì le sorti del Reggimento. Comandante della Compagnia, il Capitano Mannucci.

Caduti

I Caduti accertati del 4° Reggimento Alpini sul fronte della Valle d'Aosta, assommano a 90.

Armamento

L'armamento individuale era costituito da fucili Maser 98K e pistole Beretta italiane o Luger 08 e Walther P38 tedesche, quello pesante da mitragliatrici MG42 leggere e pesanti, mortai da 81.

▲ Pattuglia di Alpini del Battaglione "Intra" della Divisione "Monterosa" ispeziona le vie di un piccolo centro abitato in Garfagnana (Archivio "Viziano")

▲ Soldati della 4a Divisione Alpini "Monterosa" in azione in Grfagnana (Archivio Crippa)

▲ Artiglieri Alpini del Gruppo Artiglieria "Vicenza" della Divisione "Monterosa" di pattuglia sulla Alpi occidentali: le montagne erano l'ambiente più consono a questi militari (Archivio "Monterosa")

▲ La Bandiera da Combattimento del 1º Reggimento Alpini della Divisione "Monterosa", alfiere il Sottotenente Paolo Broggi, che sarà fucilato dai partigiani il 4 Novembre del 1944 (Archivio "Monterosa")

▲ Artiglieri del 4° Gruppo "Mantova" con un obice FH18 (Archivio Crippa).)

I Gruppo Artiglieria Alpina "Gran Sasso" - 2° Reggimento Artiglieria Divisione "LITTORIO"

Il Gruppo "*Gran Sasso*" era costituito da tre batterie di obici, due con obici Skoda da 75/13 e una con obici OTO da 75/18 modello 35. Rientrò in Italia dalla Germania nel novembre 1944 e venne destinato, insieme agli altri Gruppi del 2° Reggimento Artiglieria, nella zona dell'Oltrepo Pavese, alle spalle della Linea Gotica, in un'area dove erano presenti forti formazioni partigiane. Durante la breve permanenza in zona, la 2ª Batteria venne attaccata da una agguerrita formazione partigiana, lo scontro durò tutto un giorno e parte della notte, provocando due caduti tra gli artiglieri. Poiché il 4° Reggimento Alpini era stato destinato alla difesa della Valle d'Aosta, il "*Gran Sasso*" venne destinato al suo sostegno, riprendendo quindi il trasferimento verso la Valle, dove giunse tra fine novembre e i primi di dicembre. Il Comando del Gruppo venne collocato a Porta Littoria, mentre le Batterie vennero dislocate in prima linea, alle dirette dipendenze del 4° Reggimento Alpini, a diretto sostegno dei Battaglioni "*Bergamo*" e "*Varese*", schierati a difesa del sottosettore ai lati del Piccolo San Bernardo, e del Gruppo "*Aosta*" costituito da Reparti italiani e tedeschi, al Lac du Vernej, allo Chaz Dura e a Les Suches-Terre Nere. Sul Monte Belvedere venne collocato l'osservatorio del "*Gran Sasso*". Gli artiglieri del "*Gran Sasso*" utilizzarono anche i cannoni da 75/27 della Batteria in caverna dello Chaz-Dura, costituita da quattro pezzi, come seconda linea difensiva e, in terza linea, due cannoni da 149/35 dislocati a Les Suches-Terre Nere. Sia la Batteria in caverna dello Chaz Dura sia i cannoni da 149/35, facevano parte delle fortificazioni dal Vallo del Littorio. Una delle prime azioni svolte dagli artiglieri del "*Gran Sasso*", fu comunque non una azione di fuoco, ma la riconquista del "*Nido delle Aquile*", un piccolo avamposto a tremila metri di quota conquistato alcuni giorni prima dai francesi. Dal dicembre 1944 alla fine di aprile, gli obici al valico e i retrostanti cannoni, contribuirono a bloccare tutti i tentativi delle truppe francesi e, il 31 marzo 1945, furono determinanti nello sconfiggere l'attacco decisivo, sostenuto da aerei ed artiglieria americana, contro Roc Belleface ad ovest e la Redoute Ruinèe - Traversette ad est. A partire dal 1° aprile 1945, in supporto al "*Gran Sasso*" venne assegnata la 12ª Batteria del Gruppo "*Mantova*" della Divisione "*Monterosa*", con quattro obici tedeschi FH 18 da 10,5 con i quali fu possibile contrastare a lunga distanza le artiglierie franco-americane. Il 29 aprile 1945, in seguito all'ordine del Comando del 4° Reggimento, il Gruppo "*Gran Sasso*" iniziò il ripiegamento verso S. Pierre, dove, in accordo con il CLN di Aosta, distaccò una Batteria nella Val di Rhemes mentre le altre due si schierarono nella zona di Sala Dora. La 12ª Batteria del "*Mantova*" venne schierata a San Pierre. Da sottolineare come questi schieramenti mirassero a contrastare l'eventuale sconfinamento delle truppe francesi nelle vallate aostane. Il giorno 5 maggio il Gruppo "*Gran Sasso*", in ottemperanza alle clausole di resa concordate tra il Comandante del 4° Reggimento e il CLN Aostano, si sciolse e depose le armi nella caserma "Cesare Battisti" di Aosta. Gli artiglieri vennero trasferiti a Bard, ad eccezione di una parte del personale, della 3ª e della 12ª Batteria, che rimase ad Aosta e a S. Pierre per la consegna delle armi e dei materiali. Tale personale venne successivamente trasferito nel campo di prigionia di Modena, transito per il definitivo campo di Coltano. Presso la Batteria di Chaz-Dura, rimasta con tre cannoni efficienti, due artiglieri continuarono a sparare sino al 5 maggio con tiri a sorpresa sul versante del Colle e della Statale n. 26, per poi sabotare i cannoni e ripiegare su Aosta, come da ordine del Comando del 4° Reggimento. Comandante del Gruppo, il maggiore Pietro Omodeo Salè.

Organico
Alla data del 1° aprile 1945, il Gruppo "*Gran Sasso*" ha un organico di circa un migliaio di uomini.

Armamento

Le batterie del Gruppo "*Gran Sasso*" erano armate con obici di preda bellica Skoda da 75/13, catturati alla fine della Prima Guerra Mondiale agli Austro-Ungarici. e con obici italiani Oto da 75/18 modello

▲ Obice da 75/13 del Gruppo Artiglieria "Vicenza" in azione sul fronte delle Alpi occidentali: il fotografo ha colto il momento esatto in cui il proiettile viene sparato (Archivio "Monterosa")

▼ Il 4° pezzo del Gruppo Artiglieria "Bergamo" della Divisione "Monterosa" pronto al fuoco sul fronte della Linea Gotica in Garfagnana (Archivio "Monterosa") in quel teatro operativo i pezzi dell'artiglieria della "Monterosa" furono spesso occultati, nascondendoli in nascondigli naturali, cascinali, fienili (Archivio "Monterosa")

▲ Gruppo di sorridenti Artiglieri Alpini del Gruppo Artiglieria "Bergamo" della Divisione "Monterosa" sul fronte della Garfagnana (Archivio "Monterosa")

▼ Il Battaglione "Aosta" della Divisione "Monterosa" sfila a Torino (Archivio "Monterosa")

▲ Postazione di mitraglieri del Battaglione "Bassano" della Divisione "Monterosa" armati con mitragliatrice tedesca MG42 sulle Alpi occidentali; le armi tedesche erano molto diffuse tra i militari della Divisione (Ar."Monterosa")

▼ Primo piano di un Artigliere Alpino del Gruppo Artiglieria "Vicenza" della Divisione "Monterosa" con la bocca da fuoco dell'obice da 75/13 sulle spalle (Archivio "Monterosa")

▲ Postazione armata con mitragliatrice MG42 su supporto antiaereo del Battaglione "Brescia" della Divisione "Monterosa" nella Valle di Locana (TO) (Archivio "Monterosa")

18. Vennero utilizzati cannoni da 75/27 in caverna e cannoni da 149/35 facenti parte delle fortificazioni del Vallo Alpino. Le armi individuali erano quelle in servizio nei reparti Alpini: Mauser 98K, pistole Beretta 34, qualche mitra. Discreta la dotazione di binocoli e telemetri, buona la dotazioni di telefoni e centralini telefonici, scarsa quella di radio ricetrasmittenti.

Nota

Il 2° Reggimento Artiglieria era costituito dai Gruppi di Artiglieria: *I "Gran Sasso"*, *II "Romagna"* e *III "Varese,"* armati con obici da montagna da 75/13 Skoda e da 75/21 tedeschi; e dal *IV* Gruppo di Artiglieria da Campagna armato con obici italiani OTO da 149/19. Nonostante alcune pubblicazioni abbiano inserito tale Reggimento nei Reparti Alpini, solo il Gruppo *"Gran Sasso"* era costituito da Artiglieri Alpini con tanto di cappello e penna, gli altri erano Gruppi di Artiglieria da Campagna armati con obici da montagna e schierati sul fronte alpino. Per questa ragione non abbiamo inserito tutto il Reggimento ma solo il Gruppo formato da Artiglieri Alpini.

▲ Osservatorio del Battaglione "Tirano" della Divisione "Monterosa" a Cresta Rascià in Alta Val Susa (TO); la postazione è occultata in un muretto di pietre ed il cannocchiale è stato coperto da fogliame, per nasconderlo ad eventuali osservatori nemici (Archivio "Monterosa")

▲ Pattuglia di Alpini del Battaglione "Morbegno" della Divisione "Monterosa" a Levanto (SP); gli Alpini indossano la leggera uniforme estiva in tela cachi con una giubba dal taglio simile alla sahariana (Archivio "Monterosa")

▼ Val Baccia, l'arrivo dell'autocolonna del Reggimento "Tagliamento" con i rifornimenti. L'autocarro in primo piano è un OM Taurus, armato con mitragliatrici Breda, mimetizzato con macchie gialle su fondo verde (Archivio Reduci Reggimento "Tagliamento")

▲ Truppe alpine della "Monterosa" a bordo di autocarri (Archivio Crippa).

Reggimento Alpini "TAGLIAMENTO"

Il 17 settembre 1943, a soli nove giorni dall'armistizio, si ricostituì a Udine il Gruppo Battaglioni *"Tagliamento"* agli ordini del Console Ermacora Zuliani, già comandante della 63ª Legione della M.V.S.N. e poi del Reggimento Legionario Corazzato della Divisione "M" *"Centauro"* con il grado di Colonnello dell'Esercito, che, dopo l'8 settembre, ritornò a Udine e, con il grado di Console, riassunse il comando del Gruppo Legioni della M.S.V.N.. Preso possesso della Caserma dell'8° Alpini, già il 23 settembre fu in grado di fornire i servizi essenziali ed una Compagnia Ordine Pubblico, che esplotò il suo ruolo in città a protezione dei principali obiettivi sensibili. Furono emanati dei bandi di arruolamento ma, il 1° ottobre, con la proclamazione del "Litorale Adriatico" da parte dei tedeschi, questi decaddero. Nonostante la pesante interferenza dei tedeschi, grazie al fattivo supporto del Ministro della Giustizia Piero Pisenti, il Reggimento, che operava alle dirette dipendenze dell'Alto Comando delle Forze di Polizia tedesche del Litorale, riuscì ad incrementare l'organico in misura soddisfacente e, a fine ottobre, con un organico di circa 500 unità, creò dei presidi fuori la città di Udine. Con l'afflusso di volontari e dei coscritti, tra la fine del '43 e i primi mesi del '44, ampliò notevolmente l'organico, sino a raggiungere a fine febbraio i 1.412 uomini, costituendo ulteriori Compagnia e l'Autodrappello, posizionandosi saldamente sulla linea pedemontana orientale a difesa dei centri abitati e delle infrastrutture. Tra la fine del mese di marzo e il mese di maggio, il reparto attuò la sua organizzazione definitiva e venne definita l'attività che avrebbe svolto, salvo qualche modifica, sino al termine del conflitto. Il 3 aprile '44, venne applicata la disposizione che prevede la nuova organizzazione con: 3 Battaglioni, 1 Compagnia Comando Reggimentale, 1 Compagnia Addestramento; i Battaglioni avevano un organico di 450 uomini suddivisi in 3 Compagnie di 3 Plotoni e 4 Squadre, con un armamento di 27 fucili mitragliatori. e 9 mitragliatrici pesanti, per un totale di 90 fucili mitragliatori e 30 mitragliatrici. Poiché tale armamento non fu mai disponibile, venne fissata una dotazione minima per ogni Compagnia, esclusa la Compagnia Comando Reggimentale, di 1 pezzo da 47/32, 1 mortaio da 45mm, 1 mortaio da 81mm, 3 fucili mitragliatori Breda 30, 3 mitragliatrici Breda 37. Il I Battaglione *"Isonzo"* e il II Battaglione *"Vipacco"* erano formati da Alpini, il III Battaglione *"Natisone"* da 2 Compagnie di Bersaglieri ed una di Alpini. L'11 aprile il reparto assunse la sua denominazione ufficiale: *"Reggimento Alpini Tagliamento"*. Il 18 aprile attuò il nuovo schieramento sulla linea Prepotto-Saga-Tarvisio; un mese dopo, il 18 maggio, il Reggimento ricevette l'ordine di attestarsi in posizione più avanzata, addentrandosi nelle Valli del Baccia, dell'Isonzo e del Vipacco. Il Comando e la Compagnia Comando Reggimentale si portano a Tolmino; il I Battaglione con Comando a Tolmino e presidi a Idresca, Vollaria, Baccia, Oblocca e Chiesa San Giorgio; il II Battaglione con Comando a Trieste e presidi a Montespino e Prevacina San Marco; il III Battaglione con Comando a Canale d'Isonzo e presidi a Volzana, Doblari, Plava, Salona e Descla. Questo nuovo spostamento venne pesantemente contrastato dalle forze partigiane, che inflissero sensibili perdite ai reparti in movimento. Particolarmente colpito risultò il II Battaglione, la cui 6ª Compagnia, non appena arrivata a Montespino, venne assalita nella notte tra il 25 e 26 maggio e distrutta. Di fronte ai 107 uomini si schierarono 3.042 partigiani, dotati anche di armi pesanti, che dopo una lotta estrema ebbero il sopravvento. La reazione fu prontissima: già il 29 con i rincalzi e i superstiti venne ricostituita la 6ª Compagnia che andò a presidiare il San Marco, mentre la 4ª e la 5ª Compagnia costituirono il campo trincerato di Montespino, che svolse una importantissima attività di controguerriglia nei confronti del IX Corpus slavo sino alla fine del conflitto. Gli altri Battaglioni, dopo la sistemazione nei nuovi presidi, iniziarono la dura attività fatta di guardia ad infrastrutture come ponti, gallerie, ferrovie, viadotti, reti elettriche, centrali, oltre a quella di presenza contro le infiltrazioni dei partigiani titini che miravano ad occupare territorio italiano per poi rivendicarne il possesso a guerra finita. Iniziò quindi un lungo periodo di densa attività di perlustrazione e controguerriglia contro i partigiani slavi e italiani, con violenti scontri soprattutto durante la grande offensiva del Baccia, tra giugno e luglio '44, a

Canale d'Isonzo; nell'area di Montespino, ai ponti di Auzza e in altre decine di località dove continue erano le attività di pattuglia, imboscate e sabotaggi. Il I Battaglione partendo da Tolmino sviluppò il suo schieramento nella Valle del Baccia e nella Valle d'Isonzo, costituendo ulteriori presidi a Naberdò, Coritenza, Camina, quindi a Santa Lucia e al Km 106, intersecando i presidi del Battaglione Bersaglieri "*Mussolini*", con i quali divise l'onere della difesa della linea durante la battaglia del Baccia, dove 550 tra Alpini e bersaglieri impedirono a 8.000 partigiani titini di distruggere la linea difensiva. Da ricordare inoltre che, nel gennaio 1945, venne distrutto un intero battaglione partigiano durante un appostamento notturno. Il III Battaglione, schierato lungo il corso del medio Isonzo, subì attacchi a Doblari e Plava, mentre a giugno difese Canale d'Isonzo durante l'offensiva sviluppata dal IX Corpus che portò alla distruzione del ponte di Auzza. Nel mese di settembre iniziò a serpeggiare all'interno dei bersaglieri del III Battaglione un malessere diffuso che portò il Comando del Reggimento alla decisione di scioglierlo e di accorpare le Compagnie alla Compagnia Comando Reggimentale e al Comando. Oltre ai tre Battaglioni, il Reggimento ebbe nel suo organico la Compagnia Comando Reggimentale, composta da un Reparto adibito alla difesa del campo trincerato di Tolmino, dal Reparto servizi e dal Gruppo Operativo "*Montenero*", destinato alla scorta delle autocolonne e agli interventi di controguerriglia e pronto intervento in supporto ai presidi sottoposti ad attacchi partigiani. A fine aprile il Reggimento, con il Comando, la Compagnia Comando Reggimentale ed il I Battaglione, si spostò a San Pietro al Natisone, dove fu raggiunto dal II Battaglione; il 30 aprile tutto il Reggimento al completo si spostò a Spignon dove depose le armi.

Organico

Compagnia Comando Reggimentale	280
Gruppo Combattimento "*Montenero*"	210/260
I Battaglione Alpini "*Isonzo*", 1ª/2ª/3ª Compagnia	450
II Battaglione Alpini "*Vipacco*", 4ª/5ª/6ª Compagnia	450
III Battaglione Bersaglieri/Alpini "*Natisone*", 7ª/8ª/9ª Compagnia	450

Gli organici dei Battaglione sono quelli previsti dalle tabelle di armamento, ma difficilmente furono effettivamente raggiunti.
Nel febbraio '44 il totale degli effettivi in servizio era di 1.412 militari.
Nel marzo '45 il totale degli effettivi in servizio era di 1.350 militari.

Caduti

Su un totale di circa 2.000 uomini transitati nel Reggimento, si contano 506 caduti, 69 dispersi, 45 trucidati e oltre 600 feriti.

Automezzi

L'autoparco del Reggimento "*Tagliamento*" era molto ridotto, erano presenti: 2 autocarri Fiat, 1 autocarro Bianchi Miles, 1 autocarro protetto Fiat 665 dotato di mitragliatrice, 2 autovetture Fiat 1100, 3 motociclette Galera e Guzzi. Vi erano inoltre 15 cavalli da tiro, 40 muli e alcune carrette da battaglione.

Armamento

L'armamento individuale era simile a quello del Regio Esercito, incrementato con le armi catturate ai partigiani o recuperate dai lanci alleati: fucile '91, pistole Beretta, MAB, mitra Beretta, Thompson, Bren, Sten. L'armamento pesante minimo di ogni compagnia era costituito da:
1 cannone 47/32; 1 mortaio 45 Brixia; 1 mortaio 81 mm; 3 fucili mitragliatori Breda 30;
3 mitragliatrici 8 mm Breda o Fiat.
L'armamento pesante della Compagnia ComandoR. era costituito da:
6 cannoni 47/32; 10 mortai Brixia da 45mm; 8 mortai da 81 mm; 40 fucili mitragliatori Breda 30; 22 mitragliatrici 8 mm Breda 37; 2 mitragliatrici Hotchins.

▲ Pattuglia di Alpini della Compagnia Comando Reggimentale del Reggimento "Tagliamento" a Tolmino, località ora situata in Slovenia (Archivio Reduci Reggimento "Tagliamento")

▲ Lo stesso OM Taurus fotografato con un gruppo di militari del "Tagliamento". Il camion era utilizzato per scortare le autocolonne nelle zone più rischiose (Archivio Reduci Reggimento "Tagliamento")

▼ Alpini del presidio di Coritenza del Reggimento "Tagliamento" a guardia di un fortino interrato, realizzato con trochi d'albero (Archivio Reduci Reggimento "Tagliamento")

▲ Il colonnello Zuliani, comandante del Reggimento Alpini "Taglaimento" e il Maggiore Grossi, comandante del 1° Battaglione (Archivio Reduci Reggimento "Tagliamento")

▼ Ufficiali del Reggimento "Tagliamento" a Montespino, località conosciuta anche come Dorinbergo, che oggi si trova in territorio sloveno (Archivio Reduci Reggimento "Tagliamento")

▲ Alpini del Reggimento "Tagliamento" in pattuglia (Archivio Reduci Reggimento "Tagliamento")

IX Battaglione Difesa Costiera

Il IX Battaglione venne costituito a Treviso tra il 19 e il 25 novembre 1943 su Comando, Compagnia Comando e 5 Compagnia fucilieri con personale proveniente dalle truppe alpine, in seguito affluirono volontari, personale di leva, richiamati, complementi provenienti dai disciolti depositi del 20° Reggimento Artiglieria e del 58° Reggimento Fanteria di Padova. A metà febbraio, completato l'addestramento, il Battaglione raggiunse Ravenna, dove parte del personale anziano disertò. Pochi giorni dopo il Comando, la Compagnia Comando Reggimentale e la 1ª Compagnia, raggiunsero Porto Garibaldi per essere impiegate nella costruzione di fortificazioni. A fine marzo il Battaglione al completo si portò a Comacchio con lo stesso compito, quindi tra aprile, maggio e giugno, la 1ª Compagnia venne impiegata in funzioni di presidio e lotta ai partigiani. Nel giugno '44, il Battaglione venne schierato tra il delta del Po e Venezia, con compiti di costruzione delle fortificazioni costiere e di retroguardia. Il 15 agosto, a causa delle pesanti diserzioni, il Battaglione si era ridotto a 700 uomini dopo il rifiuto ad essere inquadrato nella Divisione "*Monterosa*", i tedeschi disarmarono il Battaglione a Cavarzete, scortandolo poi a Mestre dove venne accasermato presso la sede della Ar.Co.(Artiglieria Contraerea). Alla fine del mese, in seguito ad accordi tra i comandi tedeschi e italiani, parte del personale venne inviato a Verona presso i gruppi della AR.CO., la restante aliquota confluì nel 163° Gruppo Flak di Bassano del Grappa. Il Battaglione venne considerato disciolto il 29 agosto 1944.

Organico
Gennaio 1944
La forza totale del Battaglione assommava a: 19 ufficiali, 105 sottufficiali e 1.637 uomini di truppa.
Agosto 1944
La forza totale del Battaglione assommava a 32 ufficiali, 56 sottufficiali e 605 uomini di truppa.

Armamento
L'armamento del Battaglione era il medesimo in servizio nel Regio Esercito: fucile '91, fucili mitragliatori Breda 30, pistole Beretta 34, qualche mitra oltre a poche mitragliatrici.

X Battaglione Difesa Costiera

Il X Battaglione Alpini "Difesa Costiera", venne costituito a Padova il 13 dicembre 1943 con volontari, richiamati e personale di leva, provenienti dalle truppe alpine. Completato l'addestramento tra dicembre e gennaio, prestò giuramento il 9 febbraio 1944 e a metà febbraio venne dislocato lungo la ferrovia dell'anconetano, stabilendo il comando ad Ancona, con compiti di difesa costiera. Tale dislocazione rimase sino al ripiegamento dovuto all'avanzata alleata dell'agosto del '44. Dopo tale data il Battaglione si trasferì al nord. Da un documento dello S.M.E., che segnala la situazione dei Reparti alla data del 1° aprile 1945, il X Battaglione Alpini risulta impiegato senza armi a San Giovanni in Persicheto (BO).

Organico
Comando, Compagnia Comando e 3 compagnie fucilieri.
La forza totale del Battaglione assommava a 28 ufficiali, 56 sottufficiali e 670 uomini di truppa.

Armamento
L'armamento del Battaglione è il medesimo in servizio nel Regio Esercito: fucile '91, fucili mitragliatori Breda 30, pistole Beretta 34, oltre a poche mitragliatrici.

XVI Battaglione Difesa Costiera

Il XVI Battaglione venne costituito con la riunione di varie compagnie presidiarie costituitesi a Gorizia e Udine nel '43. Nella primavera del '44, lasciata la 4ª Compagnia a Udine e la 3ª a Gorizia con compiti di presidio, il resto del Battaglione venne trasferito a Fiume, dove si accasermò nei baraccamenti di Santa Caterina, lasciati liberi dal XIV Battaglione D.C., che fortificò, dislocando poi presidi lungo la cintura difensiva esterna della città, con capisaldi a Drenova, Veli Vrh e altre località. A turno i Reparti svolsero attività di difesa costiera e azioni di rastrellamento inquadrate nei reparti tedeschi. Oltre che con i titini, i rapporti furono molto tesi con i soldati croati, con frequenti risse e scontri a fuoco. Il 16 aprile del '45, i tedeschi disarmarono tutto il Battaglione dislocato a Fiume, arrestarono quattro ufficiali e condannarono a morte uno di loro, l'accusa era di aver indotto alla diserzione i militari e di propaganda comunista. Il 19 aprile gli Alpini vennero trasferiti a Trieste, e rinchiusi nella risiera di San Sabba, con uno degli ultimi convogli ferroviari partiti da Fiume. Rimasero nella città il comandante del Battaglione con una Compagnia di formazione in armi che, in unione alla 37ª Batteria, parteciparono alla difesa finale di Fiume, che durò sino al 2 maggio. I militari rinchiusi a Trieste, furono messi in libertà il 28 aprile, coloro che si arresero ai titini nella maggioranza sparirono nelle foibe o durante la prigionia. Primo Comandante del Battaglione, il capitano Sante del Piccolo, successivamente il capitano Achille Manzo.

Organico

Organico di riferimento alla costituzione del Battaglione:

Comando, Plotone Comando,	4 compagnie fucilieri – Totale 650 effettivi
1ª Compagnia	4 ufficiali 33 sottufficiali e 156 uomini di truppa
2ª Compagnia	4 ufficiali 34 sottufficiali e 122 uomini di truppa
3ª Compagnia	5 ufficiali 26 sottufficiali e 135 uomini di truppa
4ª Compagnia	4 ufficiali 19 sottufficiali e 105 uomini di truppa

Organico rilevato dalla relazione del generale Mischi durante la visita sul fronte orientale effettuata tra il 22 e il 25 marzo 1945:

1ª Compagnia Alpina "Julia"	421 effettivi	capitano Achille Manzo	Fiume
3ª Compagnia	178 effettivi	tenente Paolo Pivan	Gorizia
4ª Compagnia	143 effettivi	tenente Muzzarelli	Udine

Totale 742 effettivi

Armamento

Oltre all'armamento tipico di un battaglione di fanteria del Regio Esercito (fucile modello '91, fucili mitragliatori Breda 30, pistola Beretta 34) il Battaglione aveva un armamento extra-organico tipico dei reparti impiegati nella difesa di postazioni fisse. La 1ª Compagnia disponeva di 18 mitragliatrici, 21 mortai da 45mm, 2 mortai da 81mm, un cannone anticarro francese Hotchins da 25 mm, 1 cannone anticarro russo da 45 mm.

Nota

Come avrete potuto notare, il XVI Battaglione ha una storia strana, secondo la maggior parte degli scrittori fu un Battaglione, composto da 4 Compagnie e Comando, schierato al completo a Fiume, mentre, secondo la Relazione Mischi e il documento sulla forza dei Reparti al 1° aprile 1945, le sue Compagnie avrebbero operato in modo separato, la 3ª e la 4ª con compiti di presidio a Udine e Gorizia, e la 1ª a Fiume. Proprio il generale Mischi, nella sua relazione, sollecitava l'elevazione al rango di Battaglione della Compagnia schierata a Fiume.

▲ Per la minaccia di un'imboscata, una colonna di veicoli del Reggimento "Tagliamento" si è dovuta fermare, mentre alcuni perlustrano la zona, per verificare se è possibile proseguire lungo la strada (Archivio Reduci Reggimento "Tagliamento")

▲ Alpini del Reggimento "Tagliamento" in attesa del nemico durante un'operazione svolta in quota" (Archivio Reduci Reggimento "Tagliamento")

▼ Alpini del caposaldo di Sottotolmino del Reggimento "Tagliamento" (Archivio Reduci Reggimento "Tagliamento")

▲ Uno dei ricoveri del caposaldo di Coritenza, tenuto da Alpini del Reggimento "Tagliamento"; è evidente quanto fosse dura la vita per questi militari che difendevano i confini italiani (Archivio Reduci Reggimento "Tagliamento")

▲ L'Autodrappello del Reggimento "Tagliamento" disponeva di almeno 3 autocarri, tra cui questo FIAT 666NM perfettamente mimetizzato (Archivio Reduci Reggimento "Tagliamento")

Battaglione Alpini "Cadore"

Il 10 novembre 1943, a Conegliano Veneto, venne istituito il Centro Raccolta Alpini (*C.R.A.*) al comando del tenente colonnello Perico, con lo scopo di arruolare truppa da montagna nel costituendo Esercito della R.S.I.. Il tenente colonnello Perico, già comandante del Battaglione *"Pieve di Cadore"* inquadrato nel 7° Reggimento Alpini, con i volontari affluiti presso il *C.R.A.* (tutti veneti), provvide alla costituzione del Battaglione Alpini *"Pieve di Cadore"*, successivamente denominato Battaglione Alpini *"Cadore"* nel gennaio del '44, formato da: Compagnia Comando, 3 Compagnie di fucilieri, 1 Batteria (la Batteria in seguito venne trasformata in Compagnia Armi di Accompagnamento), presso Giavera Del Montello, mentre il Comando del Battaglione rimase a Conegliano Veneto presso il *C.R.A.*. Il Battaglione al completo sfilò il 9 febbraio a Treviso dopo il solenne giuramento alla Repubblica Sociale Italiana. Il 20 febbraio, il tenente colonnello Perico venne assassinato da due uomini sulla porta di casa, il Comando del Battaglione venne assunto dal Capitano Malingher. Pochi giorni dopo, reparti della 68ª Compagnia compirono alcuni rastrellamenti nella zona del Passo di San Boldo e delle valli limitrofi, fu la prima azione del Battaglione. Il 18 marzo una numerosa rappresentanza del *"Cadore"* sfilò in Piazza San Marco a Venezia, mentre il 7 aprile, a seguito del pesante bombardamento alleato che distrusse Treviso, portò aiuto alle popolazioni colpite. Il 26 aprile 1944 il Battaglione venne trasferito in Emilia ed entrò a far parte del *C.A.R.S. (Centro Addestramento Reparti Speciali)*, inquadrato nel 1° Reggimento *"Cacciatori degli Appennini"*, dove proseguì l'addestramento e assunse la struttura definitiva, schierandosi, dopo un breve periodo a Reggio Emilia, a Bibbiano e San Paolo d'Enza al comando del tenente colonnello Radaelli. Durante la permanenza in zona, terminò l'addestramento e partecipò con suoi reparti ad alcuni rastrellamenti sull'Appennino Piacentino, in particolare nelle Valli Nure e Ceno, con presidio a Bettola. il 19 agosto il *"Cadore"* venne riunito a Piacenza e trasferito in Piemonte, a Bra, per essere inserito nel "Raggruppamento Cacciatori degli Appennini". Nella zona del cuneese molto forte era la presenza delle bande partigiane ed era necessario tenere libere le vie di comunicazione con la Liguria. Il *"Cadore"* iniziò quindi il suo ciclo di operazioni nelle Langhe e nelle vallate che collegano il Piemonte con la Provincia di Savona. Era l'inizio per il Battaglione della guerra civile, fatta di imboscate subite e rastrellamenti, di continui spostamenti per le valli e le Langhe alla ricerca dei rifugi dei partigiani e di presidi alle infrastrutture considerate strategiche. Il 3 ottobre il *"Cadore"* venne trasferito a presidio della città di Alba, città che abbandonò il 10 per ordini superiori. Il 12 ottobre venne trasferito in Val Tanaro, con presidi a Ceva, Noceto, Bagnasco e Priola, con compito di presidio e sorveglianza della rotabile che da Ceva porta a Garessio e in Liguria. Il 6 novembre il Comando del *"Cadore"* venne assunto dal Capitano Aurili e, causa la carenza di organico, il Battaglione venne ristrutturato su Plotone Comando e 3 Compagnie. Il 26 novembre, due Plotoni della 67ª Compagnia, caddero in una imboscata nei pressi di Calizzano, dove, attaccati e circondati da circa 500 partigiani, si trincerarono in alcune case del paese. Mentre un gruppo riusciva ad aprirsi un varco e rientrare al Battaglione, gli altri Alpini resistevano fino a quando veniva loro offerta la possibilità di essere lasciati liberi. Accettata l'offerta venivano imprigionati nel Forte del Melogno e quindi fucilati in dispregio all'accordo di resa. Dal 2 febbraio 1945 il *"Cadore"* venne inserito, come Gruppo Esplorante, nella Divisione Alpina *"Monterosa"*, ma, prima di effettuare il trasferimento, venne ancora utilizzato nelle Langhe. Ai primi di marzo il Battaglione venne trasferito in treno a Ivrea, partecipando nella seconda quindicina del mese ad alcune operazioni antiguerriglia nella bassa Valle d'Aosta. Ai primi di aprile il *"Cadore"* venne trasferito nei dintorni di Torino, con il Comando e la 75ª Compagnia a Ciriè, la 68ª Compagnia a Mathi. La mattina del 25 aprile la 68ª Compagnia si ricongiunse al resto del Battaglione che, da Ciriè, aveva avuto l'ordine di portarsi a Torino e proseguire per Pavia. Il 26 iniziò il ripiegamento verso Torino, giunti nella zona industriale di Venaria Reale il Battaglione si fermò nei pressi di un posto di blocco partigiano. Dopo aver avuto garanzie sulla sorte degli Alpini, il Capitano Aurili accettò la proposta di resa e dichiarò sciolto il Battaglione "*Cadore*", era la notte tra il 26 e 27 aprile 1945.

Primo comandante del Battaglione, il tenente colonnello Renato Perico, successivamente, dal 20 febbraio ai primi di aprile 1944, il Capitano Lorenzo Malingher, poi il tenente colonnello Ippolito Radaelli fino all'ottobre 1944, infine, sino alla fine delle ostilità, il Capitano Alberto Aurili.

Organico

Alla costituzione: Compagnia Comando e Servizi – 67ª, 68ª, 75ª Compagnia- 23ª batteria

Maggio '44: Compagnia Comando e Servizi – 67ª, 68ª, 75ª Compagnia- 124ª Compagnia armi di accompagnamento

Febbraio '45: Plotone Esploratori, Plotone A.A., Reparto Munizioni Viveri, 68ª, 75ª Compagnia

Ogni Compagnia era costituito da 3 Plotone Fucilieri e 1 Plotone Comando; ogni Plotone da 3 squadre di 10 uomini ciascuno.

A fine aprile '44, alla data di assegnazione al C.A.R.S., la forza del Battaglione ammontava a 600 uomini.

La forza effettiva del Battaglione al 2 febbraio 1945 è di: 20 ufficiali 26 sottufficiali e 260 uomini di truppa

Caduti

I Caduti accertati del Battaglione durante tutto il suo ciclo operativo assommano a 72.

Armamento

Armi individuali e di squadra italiane, fucili '91, MAB, f.m. Breda 30, pistole Beretta, mitragliatrici Breda 37, mortai da 81. La 23ª batteria avrebbe dovuto essere equipaggiata con 4 obici da 75/13 ma, causa le difficoltà nel reperire i pezzi, non venne mai dotata dei pezzi.

▲ Di scorta ad una colonna del Reggimento "Tagliamento" una FIAT 508Cm armata con una mitragliatrice Breda. E' interessante notare che l'auto sia targata "ES 401" 8ES era la sigla prevista per i veicoli dell'Esercito della R.S.I.) (Archivio Reduci Reggimento "Tagliamento")

▲ Alpini del Battaglione "Bergamo" del 4° Reggimento Alpini della Divisione Littorio al Col de la Seigne (AO) (Archivio Quaquaro)

▲ Obice da 75/13 del Gruppo Artiglieria "Gran Sasso" del 2° Reggimento Artiglieria della Divisione "Littorio" schierato al Piccolo San Bernardo, mimetizzato tra la neve (Archivio Quaquaro)

▼ Postazione con mortaio da 81 a quota 2040 presso l'Ospizio del Piccolo S. Bernardo del Battaglione "Varese" della Divisione "Littorio" (Archivio Galliani)

▲ La baracca del presidio del Battaglione "Bergamo" della Divisione "Littorio" al Col de la Seigne (AO). La Divisione difese per mesi il confine italo – francese dai tentativi di occupare territori italiani (Archivio Quaquaro)

XII Gruppo Artiglieria Postazione Costiera – 37a Batteria Alpina "Julia"

La batteria *"Julia"* trae origine dalla 163ª Batteria A.A. della Divisione *"Julia"*, in riorganizzazione dopo la Campagna di Russia. Tra notevoli difficoltà si era deciso di far confluire i pochi superstiti del 3° Reggimento Artiglieria nella 163ª, equipaggiata con 8 mitragliere Breda da 20 mm. Alla data dell'Armistizio, la Batteria era in via di completamento e venne colta di sorpresa dall'evento perché priva di ogni collegamento, apprendendo la notizia da militari italiani in fuga!. Gli ufficiali decisero di ripiegare su Gorizia, dove presero possesso della caserma "Savoia", mentre parte dei militari iniziarono l'opera di recupero del materiale abbandonato. Fino al 12 settembre furono tra i pochi reparti italiani, rimasti in armi, a cercare di contrastare l'avanzata dei partigiani titini, poi lentamente arrivarono truppe tedesche che, insieme agli italiani, respinsero gli slavi. Da quel momento la Batteria venne aggregata al reparto esplorante del 171° Reggimento Artiglieria Campale Tedesco. La Batteria venne riequipaggiata con obici trovati presso la sede del 6° Reggimento Artiglieria, quindi iniziò un ciclo operativo alle dipendenze del 171° Reggimento che la portò ad operare, prima a Merna, poi sulla strada per Aidussina, quindi presso il nodo ferroviario di Divaccia e nell'Istria. Il 15 ottobre venne trasferita a Fiume, dislocata sul Monte Croce, con la denominazione di 163ª Batteria, quindi una serie di operazioni in Slovenia, poi, dal 28 gennaio '44, entrò alle dipendenze della piazza di Fiume diventando 37ª Batteria da postazione, inquadrata insieme alla 41ª Batteria nel XII Gruppo Artiglieria Postazione Costiera. Da quel momento la 37ª Batteria mise definitivamente "le code dei pezzi a terra", dislocata sul Monte Lesco con campo di tiro di 360°, contribuendo sino alla fine delle ostilità, ad infrangere tutti i tentativi dei titini di sfondare la cintura difensiva della città. La Batteria cessò le ostilità il 29 aprile, gli uomini iniziarono il ripiegamento che si concluse il 30 aprile a Trieste all'interno della Caserma di Rojano, dove la 37ª Batteria Alpina *"Julia"* venne dichiarata sciolta.

Primo comandante della Batteria il capitano Giovanni Vittorio, successivamente, dal 27 gennaio '44 alla fine delle ostilità, il tenente Franco Geja.

Organico

Nella primavera del 1944, l'organico della Batteria "Julia" è il seguente:

2 ufficiali, 15 sottufficiali e 66 uomini di truppa – Totale 83 effettivi

Armamento

4 obici da 100/17 modello 14, 1 mitragliera Breda da 20/65, 6 mitragliatrici Breda da 8 mm;

1 mortaio Brixia da 45 m/m, 3 cavalli da sella e 4 muli, 2 carrette e 1 carro botte.

▲ Pattuglia dell'8a Compagnia - Battaglione "Bergamo" - 4° Reggimento Alpini ai Laghi di Bella Comba (AO) (Archivio Galliani)

▼ La drappella del Battaglione "Varese" del 4° Reggimento Alpini della Divisione "Littorio", (Archivio Galliani)

▲ Alpini del 4° Reggimento Alpini della Divisione "Littorio" in addestramento a Sennelager, cittadina della Vestfalia, dove era stata ufficialmente costituita il 7 aprile 1944 (Collezione Cucut)

▼ Ancora la drappella del Battaglione "Varese" del 4° Reggimento Alpini della Divisione "Littorio", che fu consegnata dalla donne della città di Aosta (Archivio Galliani)

▲ Il tenente colonnello Armando De Felice, comandante del 4° Reggimento Alpini, Divisione "Littorio" (Archivio Galliani)

Battaglione Guastatori Alpini "VALANGA" – Divisione Fanteria di Marina "DECIMA"

La storia di questo Battaglione è perlomeno singolare, in quanto fu un Reparto di Alpini inquadrato nella Divisione di Fanteria di Marina "*Decima*" del Comandante Borghese. La genesi del Battaglione ha inizio il 21 settembre 1943, a Pavia, dove il colonnello Ferrari, già comandante del 3° Reggimento Genio di Pavia, lanciò un appello ai guastatori, affinché riprendessero le armi contro gli Alleati. Furono circa 200 gli uomini che si concentrarono nella Caserma Umberto I° dopo appena una settimana. Con questi uomini si diede inizio alla costituzione di un Battaglione Guastatori Alpini, il cui comando venne affidato al capitano Guastatore Alpino Manlio Maria Morelli, che propose di denominare il Battaglione, in onore della compagnia da lui comandata in Russia, "*Valanga*". Iniziò quindi il periodo di addestramento, che si svolse in varie località lungo il fiume Ticino. Nel gennaio 1944 si prospettava per il reparto il trasferimento in Germania per essere inquadrati nelle nuove Divisioni in formazione. Il Capitano Morelli propose quindi al Comandante Borghese di inquadrare il "*Valanga*" nella X^a. Borghese, dopo aver assunto informazioni sugli uomini e sul reparto, acconsentì e già dal 20 marzo il Battaglione entrò nei ranghi della X^a, trasferendosi a fine mese a La Spezia. Dal 15 aprile venne trasferito a Bagni di Jesolo per concludere l'addestramento e completare l'armamento pesante. A Jesolo arrivò l'ordine di cambiare il nome del Battaglione assumendo quello di "*Tarigo*", cambiamento accolto malvolentieri dai guastatori costretti anche a sostituire il cappello alpino con il basco della Fanteria di Marina. Terminato l'addestramento alla metà di agosto, il Battaglione venne trasferito in Piemonte, nella zona di Ivrea, dove raggiunse gli altri Reparti della Divisione, con il compito di presidiare la strada statale n. 11 Torino-Ivrea. Tra la metà di agosto e i primi di ottobre, partecipò ad operazioni nella Val d'Orco, nelle Valli di Lanzo, nella Val d'Ala, operando sino al Rifugio Gastaldi e al Lago della Rossa, a quote anche superiori ai 2700 metri. Nel mese di settembre, a seguito dei buoni risultati ottenuti sul campo, il capitano Morelli ottenne dal Comandante Borghese di poter ritornare alla vecchia denominazione del Battaglione "*Valanga*" e i guastatori a portare il cappello alpino. Tra il 20 e il 30 ottobre, il Battaglione venne trasferito a Vittorio Veneto, dove si acquartierò, prendendo parte ad alcuni rastrellamenti in zona e alla solita routine delle pattuglie. Nel mese di novembre giunse da Venezia una compagnia del Battaglione "*Serenissima*" per essere addestrata alle tecniche dei guastatori, di fatto costituì la 4ª Compagnia del Battaglione. Tra novembre e dicembre partecipò alle operazioni contro la "Zona libera della Carnia", combattendo nella Val Meduna, catturando diverse decine di partigiani. Alla vigilia del Natale 1944, due Compagnie del "*Valanga*", la 1ª e la 4ª, furono trasferite a Gorizia, andando a costituire due presidi, uno sul Monte Santo e l'altro a Tarnova della Selva. Ai primi di gennaio le Compagnie vennero ritirate su Gorizia, da dove ripartirono il 19 per andare in aiuto del Battaglione "*Fulmine*" accerchiato a Tarnova, contribuendo validamente alla liberazione del Battaglione assediato. Il 29 gennaio 1945 le Compagnie ritornarono a Vittorio Veneto ricongiungendosi con il resto del Battaglione, utilizzato nel frattempo in alcuni rastrellamenti e operazioni antipartigiani sull'altipiano del Cansiglio e a febbraio sul passo di San Boldo. Dal 16 marzo il Battaglione venne trasferito a Bassano del Grappa, dove rimase sino al 28 aprile, quando ripiegò su Marostica diretto a Thiene. Il 28 aprile 1945, a Marostica, il Battaglione "*Valanga*" cessò di esistere. Un gruppo di Alpini, al comando del Capitano Barbesino, non accettò la resa e si diresse verso il Trentino, dove si arrese il 2 maggio agli americani.

Organico

Compagnia Comando: Comando, Ufficio Assistenza, Ufficio Trasporti, Ufficio Rifornimenti
Ufficio Amministrazione e Cassa, Infermeria.

1ª Compagnia "Aquila"

2ª Compagnia "Uragano"

3ª Compagnia "Armi Accompagnamento"

4ª Compagnia "Serenissima" (Aggregata al Battaglione dal novembre '44 e inserita dal gennaio '45 in organico)

La forza del Battaglione, alla data del 1° gennaio 1945, assommava a 313 uomini.

Caduti

I Caduti accertati del Battaglione assommano a 36, ma mancano i dati dopo il 25 aprile 1945.

Armamento

Armamento individuale costituito da moschetto o fucile '91, mitra MAB 38, pistole di vario tipo, pugnali e bombe a mano. Armamento di squadra e pesante costituito da lanciafiamme modello 40 e modello 41, fucili mitragliatori Breda 30, mortai Brixia da 45 mm, mine e cariche cave, 4 mitragliatrici Breda 37, 3 mortai da 81 mm, 2 cannoni da 47/32 modello 39.

Automezzi

L'autoparco del Battaglione era eterogeneo, ma dotato di un numero sufficiente di automezzi per consentirne il trasporto. Erano presenti: camion Fiat 626, 666, OM Taurus, a gasogeno e gasolio, autovetture Fiat 508 C.M., 508 Berlina, Lancia Aprilia e Ardea e motociclette Guzzi 500, Sertum 500, Gilera 500.

I Compagnia Protezione Impianti

Venne costituita a Bassano del Grappa nel settembre del '43 allo scopo di salvaguardare impianti di particolare interesse nel vicentino, dislocò presidi al Campo di Aviazione di Asiago, al Forte Tombion presso Cismon del Grappa, a Cismon del Grappa, al Deposito munizioni delle Felette, alla fabbrica della Isotta-Fraschini di Vicenza, oltre al distaccamento dell'Albergo Roma di Vicenza. Il Comando ed il nucleo Comando ebbero sempre sede a Bassano del Grappa. La Compagnia ebbe fregi e mostreggiature degli Alpini; primo comandante della Compagnia il tenente Beltrame, successivamente, dal dicembre '43 alla fine delle ostilità, il capitano Sante Tommasi. La forza della Compagnia assommava a 2 ufficiali, 23 sottufficiali e 133 Alpini.

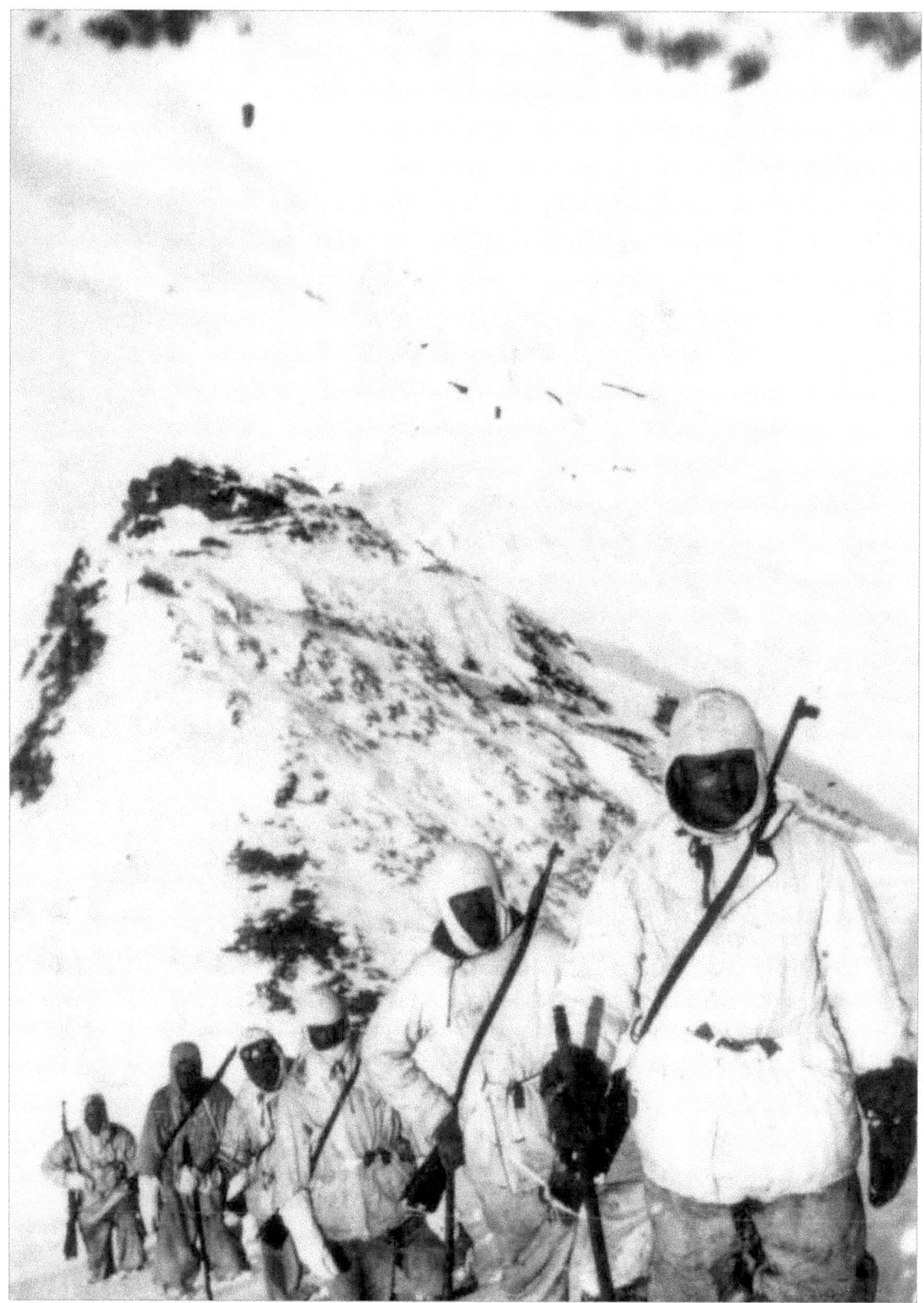

▲ Pattuglia esplorante della 6a Compagnia del Battaglione "Bergamo" al Col de la Seigne (AO) sul fronte occidentale al confine francese, dove operava la Divisione "Littorio" dal novembre 1944 (Archivio Galliani)

▲ Mitraglieri di una postazione con MG 42 della 6a Compagnia del Battaglione "Bergamo" al Col de la Seigne (AO) mentre simulano la difesa da un attacco aereo nemico. I militari hanno un curioso miscuglio di capi d'uniforme (Archivio Quaquaro)

▲ Sfilata del Battaglione "Bergamo" ad Aosta il 3 dicembre 1944 (Archivio Galliani)

▼ Alpini del XVI Battaglione Difesa Costiera "Julia" a Salcano; il reparto difese la città di Fiume per quasi due anni (Archivio Comin)

▲Ufficiali Alpini del XVI Battaglione Difesa Costiera "Julia" frequentanti il Corso di perfezionamento ad Alessandria (Archivio Comin)

▼ Alpini della 1a Compagnia del XVI Battaglione Difesa Costiera "Julia" nel caposaldo di Santa Caterina nei pressi della città di Fiume. Indossano tutti capi d'abbigliamento del disciolto Regio Esercito. (Archivio Comin)

▲ Uno degli edifici del caposaldo di Santa Caterina vicino a Fiume presidiato dagli Alpini del Battaglione XVI Difesa Costiera "Julia". Interessante la mimetizzazione apposta ai muri dell'edificio per renderlo meno visibile (Archivio Comin)

▲ Cambio di guardia presso il caposaldo di Santa Caterina – Fiume (Archivio Comin)
▼ Alpini del XVI Battaglione Difesa Costiera in servizio presso il caposaldo di Drenova (Archivio Comin)

▲ Alpini in servizio presso il caposaldo di Drenova, sobborgo di Fiume che si trova a nord ovest rispetto alla città (Archivio Comin)

▼ Gruppo di Alpini della 2a Compagnia del XVI Battaglione Difesa Costiera a Santa Caterina vicino a Fiume, capoluogo della provincia del Carnano diventata italiana dopo l'impresa di D'Annunzio del 1919 (Arch. Comin)

▲ Tra le armi impiegate dal XVI Battaglione Difesa Costiera vi era un cannone anticarro da 45 mm russo di preda bellica, in servizio presso il caposaldo di Drenova (Archivio Dini)

▼ Un momento di spensieratezza per gli Alpini della 2a Compagnia dal XVI Battaglione Difesa Costiera in servizio presso la caserma di Santa Caterina (Archivio Comin)

▲ Guastatore Alpino del Battaglione "Valanga" della Divisione "Decima" in caserma nel Friuli; al braccio il famoso scudetto della Divisione "Decima"(Archivio Centro Studi Carlo A. Panzarasa)

▲ Alpini del X Battaglione Alpini Difesa Costiera (Acta)

▼ Nel corso di un addestramento del Battaglione "Valanga" nella zona di Vittorio Veneto nell'inverno 1944, alcuni Alpini della Compagnia Armi d'Accompagnamento portano in posizione un cannone anticarro da 47/32 (Archivio Roberti)

▲ Un'altra immagine dell'addestramento della fotografia precedente; Alpini del "Valanga" in pattugliamento nella zona di Vittorio Veneto, inverno 1944 (Archivio Roberti)

▼ Guastatori Alpini della 1a Compagnia a Bassano del Grappa (Archivio Roberti)

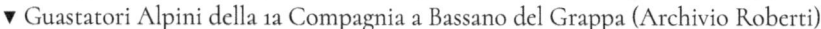

▲ Giovanissimi Alpini della 1a Compagnia con il comandante capitano Satta a Salcano; indossano la particolare buffetteria in tela chiara dei Guastatori (Archivio Roberti)

▼ Un cannone anticarro da 47/32 della Compagnia Armi d'Accompagnamento del "Valanga" in posizione, pronto al fuoco, nella zona di Vittorio Veneto nell'inverno del 1944 (Archivio Roberti)

▲ Alpini del Battaglione Alpini "Cadore" pronti a sfilare in Piazza San Marco a Venezia il 18 marzo 1944 (Archivio "Monterosa")

▲ Il Battaglione Alpini "Cadore" sfila a Venezia il 18 marzo 1944 (Archivio "Monterosa")

▼ Osservatorio della 37a Batteria "Julia" sul Velj Vhr del XII Gruppo Artiglieria Postazione Costiera (Archivio Comin)

▲ Alpini del Battaglione "Cadore" in caserma a Reggio Emilia. Il "Cadore" era stato aggregato al Centro Addestramento Reparti Speciali, per essere impiegato nella lotta antipartigiana (Archivio "Monterosa")

▼ Tiro con l'obice da 100/17 in servizio nella 37a Batteria da Postazione "Julia" sul Monte Lesco. Inquadrata insieme alla 41a Batteria nel XII Gruppo Artiglieria Postazione Costiera era alle dipendenze del Comando di Fiume (g.c. Archivio Crivellari)

▲ Artiglieri Alpini della 37a Batteria da Postazione "Julia" in un momento di allegro relax. La batteria si battè duramente per difendere la città di Fiume dalle infiltrazioni dei partigiani titini (Archivio Comin)

▼ Alpini di ritorno dall'addestramento in Germania (Archivio autore)

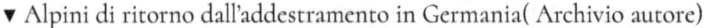

▲ Il tenente Geja, comandante della 37a Batteria da Postazione "Julia" sul Monte Lesco nei pressi di Fiume (Archivio Reduci Reggimento "Tagliamento")

▲ Torino, 16 Marzo 1945, l'ultimo saluto alle salme di 27 Alpini del Battaglione "Brescia" della Divisione "Monterosa" uccisi in un agguato di partigiani tra Villanova e Villafranca d'Asti (Archivio Pisanò).

▼ L'ingresso del Centro Raccolta Alpini di Conegliano Veneto (TV), dove fu costituito il Battaglione Alpini "Cadore" (Archivio Crippa)

THE ALPINE TROOPS IN THE R.S.I
ENGLISH TEXT

Since the Corps was formed in 1872, the Alpini have always been identified as the soldiers symbol of the Italian Army, fighting and getting the respect of the adversaries during all the conflicts in which they were employed, from the Colonial Wars to the Great War in the Alps, from the Ethiopian Campaign to the Russian Campaign (where it was the only Corp never defeated during the entire campaign), from East Africa to the Campaign against Greece to end the Balkans.

In September 1943 there were 6 Alpine Divisions in the Regio Esercito: "Julia", "Cuneense", "Tridentina", "Pusteria", "Taurinense" and "Alpi Graie", as well as various regiments of march and autonomous groups in the Balkans. On September 8th the "Julia", the "Cuneense", the "Tridentina" and the "Alpi Graie" were in northern Italy, with the first three in reconstruction after the tragic retreat of Russia, the "Pusteria" returning from southern France, where it was as a troop of occupation, the "Taurinense" was as garrison in Montenegro. The Armistice heavily involved Alpine troops, especially those engaged in the fight against the partisans in the Balkans. The "Taurinense" chose to fight alongside the Army of Titus and, with the "Venice" Infantry Division, formed the "Garibaldi" Division, which fought until the end of the war for the liberation of Yugoslavia; the "Pusteria" was seized by the armistice during the transfer between France and Italy and broke up, with strong groups of Alpini, who went to form the first partisan bands in the valleys of Cuneo, facing the first conflicts on fire with the German troops ; the other Divisions dissolved in the localities where they were shelved, with groups of Alpini who gave themselves to the mountain scrub merging in the first partisan formations, while others returned home, waiting to understand the developments of the situation and many ended up captured by the Germans and interned in the camps in Germany and Poland. The Armistice, in addition to all the upheaval it caused in political, social and military terms, involved the splitting of Italy into two, with the division line identified by the war front. In the south, under the jurisdiction of the Allies, the Monarchy was moved with the Badoglio Government, which re-formed the Royal Co-operative Army; in the north, on 23 September 1943, the Italian Social Republic was formed, allied with the Germans, headed by Duce Benito Mussolini, who appointed Marshal Rodolfo Graziani as Minister of Defense, with the task of constituting the new Armed Forces. The task of Marshal Graziani was certainly very difficult, because the Germans didn't trust the Italians after the Armistice and the difficulties for the procurement of the material, whose production was now completely managed by the cumbersome ally. Not even in the south things were better, the new military leaders had to struggle for a long time to be able to constitute fighting units, since the Allies intended to use Italian soldiers only for garrison or labor. Despite all the various difficulties the new Armed Forces of the two Armies were slowly formed and the Alpini's units were also present, although with a minimal presence in the south and a much larger presence in the Social Republic.

In the first days after the armistice in many places in Italy and abroad, individual Alpine or groups or entire organic units chose to continue fighting alongside the old German ally. Once the Social Republic and the National Army structure were constituted, with the enactment of the recruitment notices, the strong influx of volunteers and the choice of the interned soldiers to return to service in the new Army, the establishment of the Armed Forces was started of the RSI in which the Alpini played a primary role. The main Alpini's units constituted during the R.S.I. in the period 1943 - '45 they were:

- 4ª Divisione Alpina "Monterosa"
- 4° Reggimento Alpini - Divisione "Littorio"
- I Gruppo Artiglieria Alpina "Gran Sasso" - 2° Reggimento Artiglieria - Divisione "Littorio"
- Reggimento Alpini "Tagliamento"

- *Battaglione Alpini "Cadore"*
- *IX - X – XVI Battaglione Alpini Difesa Costiera*
- *Battaglione Guastatori Alpini "Valanga" - Divisione "Decima Mas"*
- *37ª Batteria Alpina "Julia"*
- *Compagnia Protezione Impianti*

4TH MOUNTAIN DIVISION "MONTEROSA"

After the meetings between Mussolini and Hitler, followed by those between Graziani, Rahn and Wolf, concretized with the subsequent Buehle - Canevari Protocol, concerning the new Army of the Italian Social Republic, the formation of the four new Italian Divisions started, trained and equipped in a similar way to the Wehrmacht's Divisions. The 4th Mountain Division "Monterosa" was officially constituted on 1st January 1944 at the C.C.G.U. (Organization Center for Big Military Units) of Vercelli, recruiting the classes 1924 and 1925 who, in mid-February, reached, in the training camps of Heuberg, Feldstetten and Munsingen, those soldiers who, in October 1943, had constituted an education battalion, with the military ex-internees and all those Alpini's units that, found abroad on September 8, 1943, had joined the RSI. It was the Battalion "Exilles", from Montenegro, the officers of the Alpini's Battalion Group "Valle" from Greece, elements of the 20th Group of Skiers from France. These units formed the backbone of the "Monterosa" Division. In the training camps it began an hard period of training according to the techniques used by the German Army, under the constant and exhausting control of the German instructors, totally new also for the military with long years of war behind, carried out with every weather condition and with few rest periods. In just six months of hard work, training, armament and amalgamation between the units were completed. On July 16th, the "Monterosa" Division, fully deployed in the Munsingen camp, was reviewed by the Duce who, after a warm speech, delivered the combat flags to the Regiments. Immediately after the ceremony, it began the transfer of the units by trains to Italy, reached in the second half of July, frequently disturbed by allied air raids, where it was deployed in Liguria, becoming part of the "Armata Liguria" under the command of the Marshal Graziani, replacing a German division with anti landing functions. The Division was deployed with the Command in Terrarossa di Carasco and the units in the Riviera di Levante, located on the coast and in the hinterland, with anti landing task and both control along of the roads, that connected the Ligurian coast to the Po Valley. The sector assigned to the Division, which went from Nervi to Levanto, included, was divided into two regimental subsectors: the 1st Alpine Regiment was from Nervi to Sestri Levante excluded, the 2nd Alpine Regiment from Sestri Levante to Levanto, the 1st Artillery Regiment divided the Groups in support of the two Regiments. The Exploring Group and the "Ivrea" Battalion were used as divisional reserves, as well as the Pioneers Battalion, minus two companies used by the Regiments for fortification work. The other Divisional units were located inland in the area of Cicagna. The units of the "Monterosa" took possession of the pre-existing positions and built new ones, greatly improving the thin line of defense existing. It was the period in which the opening of a further front by the Allies was expected and it was not clear where the landing would take place, nevertheless located between Liguria and France. After the emergency in Liguria, following the Allied landing in Provence in August 1944, the "Monterosa" stopped being used as a single organic unit. Some Battalions were transferred in different periods on the Western Alps, where they operated from September 1944 to April 1945, repelling the attacks of the Franco-American forces; a part od the Division, also with the Division's Command, located in Camporgiano, was transferred to the southern front, in Garfagnana, where between the Serchio river and the Apuan Alps, barred the forces of the 5th American Army, participating in the "Christmas's Offensive" (Wintergewitter); its other units remained with garrison's tasks in Liguria. At the end of March 1945, the units of the "Monterosa" Division were so distributed: in Piedmont - five Battalions, two Artillery Groups and the Command of the 2nd Regiment; in Liguria the Command of the 1st Regiment, a Battalion, the Exploring Group and an Artillery Group; in Garfagnana a Battalion, an Artillery Group and the Pioneers Battalion; in the Valle d'Aosta only an artillery's battery. In the spring of 1945, when the most substantial nucleus of the Division was deployed in Piedmont to defend the boundary of the Western Alps, the Divisional Command was installed in Samone, in the Pallavicini - Mossi castle. The end of hostilities thus saw the units of the "Monterosa" deployed on various fronts, geographically located in three distinct regions and with problems in maintaining contact with the Divisional Command. The "Monterosa" Division broke up on 28 April 1945, following the order to cease hostilities issued by Marshal Graziani, but some of its units surrendered only in early May.

First Commander of the Division was Colonel Umberto Manfredini, then General Goffredo Ricci, then General Mario Carloni, and finally Colonel Giorgio Milazzo.

Divisional Organization Chart

1st Alpine Regiment
- Regimental Command Company
- "Aosta" Battalion on 4 Companies
- "Bassano" Battalion on 4 Companies
- "Intra" Battalion on 4 Companies
- 101st Tank Hunters Company
- Light column
- Supply unit
- Transmission company

2nd Alpine Regiment
- Regimental Command Company
- "Brescia" Battalion on 4 Companies
- "Morbegno" Battalion on 4 Companies
- "Tirano" Battalion on 4 Companies
- 102nd Tank Hunters Company
- Light column
- Supply unit
- Transmission company

1st Mountain Artillery Regiment
- General Comando Battery
- 1st "Aosta" Artillery Group on Command Battery and 3 Howitzer Batteries 75/13
- 2nd Group Artillery "Bergamo" on the Command Battery and 3 Howitzer Batteries 75/13
- 3rd Group Artillery "Verona" (later "Vicenza") on Command Battery and 3 Howitzer Batteries 75/13
- 4th Mantua "Artillery" Artillery Group on Command Battery and 3 Howitzer Batteries 100/17 (later FH18-10.5)
- Light column
- Anti-tank battery

1st Exploring Group (Bersaglieri)
- Command Department
- 1st and 2nd Light Squadron
- 3rd Heavy Squadron with Pak 40 anti-tank guns and IG 18 howiters 75/10

Divisional Units
- Pioneers Battalion - Command Company, 1st, 2nd, 3rd Company.
- Connections Battalion - Command Company - 1st, 2nd, 3rd Company.
- Transportation Battalion - Command Company - 1st Supply Company, 2nd and 3rd Horsed Company, 1st and 2nd Car Company.
- Health Department - 1st and 101st Healthcare Company, 2 hospital units, 1 surgical core, Ambulances Section.
- Management Department on 6 Companies (Administration, Bakers, Butchers, Veterinary, Workshop, Subsistence)
- Divisional Unloading Company
- Complements Battalion "Ivrea"
- Education Battalion (formed in October 1943 and dissolved in January 1944)
- Field Gendarmerie department and three sections Military Police provided by G.N.R.
- Court and Military Prison
- Divisional Depot

1st Alpine Regiment

The 1st Alpine Regiment was formed, in Aosta, on Decembher 24t, 1943, including the Alpini's Battalions "Aosta", "Bassano" and "Intra", the 16th Tank Hunters Company di Carri, the Transmission Company and other regimental units. In 1944 it incorporated the 17th Autonomous Company of Captain Scattolin. Transferred in Germany in the early months of 1944, it was trained in the camps of Heuberg, Feldstetten and Munsingen, where it received the fighting flag from the Duce on 16th July 1944. It immediately came back to Italy where, between late July and early August, it was deployed with anti-ship's tasks in Liguria in the Riviera di Levante, with the Command located in Cicagna and the Battalion deployed in defense of the sector between Nervi and Lavagna, also providing safety of the communication and supply routes in the hinterland threatened by the action of the partisans. Following the landing of the Allies in Provence, the Regiment was ordered to transfer the "Bassano" Battalion to Piedmont on the western Alps, between Val Varaita and Val Maira, in the province of Cuneo. At the end of October, the 1st Regiment began the transfer to the front of the Garfagnana. The Regiment Command moved with the Battalion "Intra", the 1st Company of the "Aosta" Battalion and the regimental units. The headquarters of the Command was placed in Castelnuovo Garfagnana, while the depending units were settled from Monte Altissimo to Monte Romecchio, in the Serchio Valley. The Regiment remained in Garfagnana until February 1945, participating actively in all the clashes in the winter of 1944/45, including the Christmas "Wintergewitter" offensive. At the end of February '45, leaving the Battalion "Intra" in the Garfagnana, the 1st Regiment returned to Liguria, located between Carasco and San Colombano, with the units deployed between Sestri Levante, Terrarossa and Borgonovo, where it remained until the end of hostilities , managing a Combat Group made by the Regimental units, the Exploring Group "Cadelo", the "Uccelli" Battalion of the "San Marco" Division, and all the other units of the "Monterosa" left in Liguria. On April 24th, 1945, all the units were grouped together and they began to fall back towards the Po Valley and the Po river, to be reached via the Passo della Scoffera. On the 25th, 26th and 27th, the Regiment fought against the Allied avant-garde on the Entella, the Passo della Ruta and Recco. On the 27th afternoon, in Uscio, the entire force under the command of Colonel Pasquali, surrounded by the Allied troops, having noted the futility of the continuation of the fighting, treated the surrender by receiving the honor of arms from the Americans. First Commander of the Regiment was Lt. Col. Armando Farinacci, later, until the end of hostilities, Colonel Aldo Pasquali.

2nd Alpine Regiment

The 2nd Alpine Regiment was formed in Milan on 1st January 1944, composed by Battalions "Brescia", "Morbegno" and "Tirano", Regimental Command Company, Transmission Company, 102nd Tank Hunter Company, Light Transportation Company and a Heavy Weapons Platoon. It completed its training in Heuberg and Munsingen camps, where it received the fighting flag on July 16th, 1944. Came back to Italy at the end of July, it was deployed in Liguria, in the Riviera di Levante, with the units located in the left divisional defensive sector, between Sestri Levante and Levanto, in anti-ship function on the coast and inland along the passes and Apennine ridges, defending the communication with the Po Valley from the incursion of the partisans. After the Allied landing in Provence in mid-August, the Regiment transferred, in early September, its "Tirano" Battalion on the mountain front to defend the Colle del Monginevro and the passes of Val Chisone. At the end of October it transferred "Brescia" Battalion to the front of the Garfagnana (to which the 1st Company of the "Aosta" was aggregated) where it stayed until the middle of February 1945, when it rejoined the Regiment. The Command of the Regiment, with the Regimental units, and the Battalion "Morbegno", worked for the logistic safety of the rear, participating in the large anti-partisan mopping operations of the September-October period. In early February 1945 the Regiment's Command, with its Regimental units and "Morbegno" Battalion, was transferred to the western Alps, siding to defend the Valleys of Viù, Ala and Val Grande, with the Lanzo Command. In March it was reached by "Brescia" Battalion that sided in the Valle di Locana to the right of "Morbegno". With the arrival of "Brescia", the Regiment extended on a front of about one hundred kilometers, between the Valle di Locana and the Val Chisone, on a defensive line where German units were also located, at an altitude of more than 2,000 meters with stations and observatories between 2,500 and 3,000 meters, with high mountain ranges that made the valleys uncommon. Until the end of hostilities, only a presidium and anti-partisan activity was carried out. On April 25th the order of withdrawal arrived at the Command of the 2nd Regiment, the order was transmitted to the "Morbegno": withdraw the garrisons at the border gather the Companies and go back to Lanzo. While the units of the "Morbegno" began preparations for the collapse, the Tank Hunter Company abandoned the Regiment and the Light Column passed with the partisans. The Commander of the Regiment remained only with two officers and a few men, who were forced to request surrender to the partisans in the morning of April 26th, 1945. Again the agreement reached was not respected, so partisans shot five officers, five non-commissioned officers and three Alpini.
First Commander of the Regiment was Colonel Umberto Manfredini, later, Colonel Policarpo Chierici, then Colonnello Giorgio Milazzo, and finally Captain Lorenzo Malingher, shot May 5 by the partisans.

1st Alpine Artillery Regiment

The 1st Alpine Artillery Regiment was formed in Pavia on January 1st, 1944, by the Battery Regimental Command, the Artillery Groups "Aosta", "Bergamo", "Verona" (then "Vicenza"), each made by three Batteries of 75/13, and the "Mantua" Horse Artillery Group on three 100/17 Batteries. Transferred to Germany, it completed training in the fields of Feldstetten, Heuberg, Gruorn and Gaensewag. On July 16th, it received the fighting flag and it began operations to transferring to Italy. Back to Italy at the end of July, it was deployed in Liguria to cover the anti-shiping line from Nervi to Levanto, with the "Bergamo" Group supporting the 1st Alpine Regiment, the "Aosta" Group supporting the 2nd Alpine Regiment, the "Vicenza" Group in the Leivi area and the "Mantova" Group in the Caperana area, the Regiment Command was placed first in Cicagna and then in San Colombano. From July 27th to November 2nd, it also incorporated the 6th Coastal Artillery Group deployed in the Chiavari area. Following the Allied landing in Provence, the Regiment lost the "Vicenza" Group, sent to Piedmont, on the Western Alps, to defend the Alpine passes. At the end of October the Command, the Battery Regimental Command, the "Bergamo" and "Mantova" Groups were transferred to the Garfagnana front, operating in support of the Italian-German units deployed in the Apuan Alps sector, with the Command located at Poggio and the Group " Bergamo "and" Mantova "deployed to the left of the defensive sector. During the operational cycle in the Garfagnana, also three German artillery groups present in the area operated under the order of the Regimentand. During the "Wintergewitter" offensive, all the Italian-German artillery deployed for the action was directed by Colonel Grossi. In February 1945, the Regiment Command, the Battery Regimental Command and the "Mantova" Group returned to Liguria and then continued towards Piedmont, the new destination for the 1st Artillery Regiment. The "Bergamo" Group remained until the end of hostilities on the Garfagnana front, forming at the end of April a Combat Group with the "Intra" Battalion. The "Aosta" Group, on the other hand, was always employed in Liguria, participating in the control of the communication routes to the Po Valley. The Regiment Command broke up in Ivrea at the end of April 1945, following the order to lay down the arms given by Marshal Graziani.

First Commander of the Regiment was Lieutenant Colonel Binda, then Lieutenant Colonel Cesare D'Antonio, then Lieutenant Colonel (later Colonel) Luigi Grossi.

"Cadelo" Divisional Exploration Group

The Exploring Group was formed in Vercelli, in January 1944, with Bersaglieri coming from the 4th Regiment of Turin and from the 5th Regiment of Siena as XXIII Exploring Group "Fiamme Cremisi" (Crimson Flames). In the same month it was placed at the dipendence of he 4th Alpine Division "Monterosa", as an exploration unit, then transferred to Germany where it completed its training in the field of Feldstetten. Came back to Italy at the end of July, it was sent in Borzonasca with the function of divisional reserve. At the end of August, it took part at the great operation for the safety of the communication routes behind the anti-ship deployment. Starting from Borzonasca it moved towards Rezzoaglio and it arrived at Santo Stefano d'Aveto on the 28th, after some fights against the partisan forces and the overcoming of major road disruptions, capturing a considerable quantity of weapons and vehicles. After this operation it remained in the Val d'Aveto with headquarters in Rezzoaglio and garrisons in S. Stefano. At the end of September it detached a platoon at the Passo del Bocco. On September 27th, in Santo Stefano d'Aveto, during a partisan ambush, Major Cadelo, Commander of the Group, was killed. In his honor from that day the Exploration Group took his name: "Gruppo Esplorante Cadelo". In early November, following the passage of much of the "Vestone" Battalion to the partisans, some raids were carried out in the area of Barbagelata recovering disbanded Alpini, weapons, ammunition and quadrupeds. At the end of October "Cadelo" was transferred to the front of the Garfagnana where, starting from 2nd November, it arrived in Piazza al Serchio and it was assigned to the divisional reserve function. But just two days later, on November 4th, it sent on the firing line a Platoon of the 2nd Squadron first, then all the Squadron, and then moved there. The Group was deployed west of the river Serchio in the sector: Sassi-Eglio-Monte Grottorotondo-Le Rocchette, joining the Alpini of the "Intra" Battalion and the marines of the "Uccelli" Battalion of the "San Marco" Division, with the Cannon Platoon, with four 75/27 cavalry pieces, placed in Eglio. Unfortunately the defensive line was very rarefied, since the outposts, defended by 4 or 5 Bersaglieri, were two or three hundred meters apart from each other. It actively participated at the defensive fighting during the American offensives of November, for the reconquest of the places reached by the Americans, then counterattacked the enemy deployment with deep patrol's actions At the end of November, the 2nd Squadron suffered some attacks by the partisans that led to the capture of many Bersaglieri and the loss of some positions. The technique used was always the same: partisans dressed as Bersaglieri or Alpini approached the positions and as soon as they entered the position, military were taken prisoner. After having captured a correspondence of a partisan brigade, the Battalion discovered the names of four officers of the "Cadelo" who were in contact with the partisans: three were captured and one managed to escape. From that moment the attacks on the men of the "Cadelo" ended. In December, it actively participated in the failure of the offensive, launched on the 12th by the Americans of the 92nd "Buffalo" with the support of the partisans operating behind the defenders, aiming to conquer

832 quote. During the "Wintergewitter" (Christmas Offensive) in 1944, the "Cadelo" was destined to perform one of the four demonstration attacks, scheduled by the attack plan. It occupied almost immediately Calomini, bypassed Vergemoli and, through the Turrite of Gallicano, reached Fornovolasco and Trassilico, continuing then with the activity of the patrols deep within the enemy lines, in the area of Trombacco. During these operations, a "Bersaglieri" Company of the 1st Division "Italia" was added to the "Cadelo", the first unit of this Division to reach the front. Since the end of the Christmas's Offensive in February 1945, the "Cadelo" remained in positions on the new defensive line. In early February it was replaced in line by the 3rd Battalion of the 1st Division Bersaglieri Division "Italia", starting its transfer to Liguria. During the journey it was sent to support the 148th Division, to re-occupy some positions in the Massa sector, and finally arrived on February 23rd in Liguria, placing the Command and two Squadrons between Terrarossa and Borgonuovo and the other Squadron in Sestri Levante. In mid-March it carried out a raid in the hinterland towards the Apennine passes. On April 24th the "Cadelo" met the other units of "Monterosa" in Chiavari, at the command of Colonel Pasquali, and began the withdrawal towards the Po river. On April 25th, 26th and 27th, it fought rearguard fights against the American avant-garde on the Entella and on the Ruta pass. On April 27th at the north of Usci the unti surrendered with the honor of arms.

First Commander of the Groupwas Major Girolamo Cadelo, subsequently, Captain Gustav Weintz, then Lieutenant Colonel Emanuele Andolfato, and finally Major Villa.

Total Staff

The overall strength of the Division amounted to about 19,500 men between Officers, Non-commissioned Officers, Graduates and Troops. The Divisional units had a total force of about 5,500 men, the Regimental units of 550. Each Battalion was made up of: Compagnia Comando, three Company of Riflemen, one of Heavy Weapons. Each Company consisted of 220 men, the Heavy one of 300, for a total strength of each the Battalion of about 1,100 / 1,200 men. The strength of the units of the Artillery Regiment was about 450 men, the Groups were about 1,100 men and the Batteries of 300/350.

Equipment supplied

480 M.G. 42
46 Mortars 80 mm
37 Obices 75/13 Skoda
12 Objets 100/17 replaced by German FH 18 10.5 howitzers
33 Anti-tank and infantry guns, Pak 40 and 75/10 German IGPI.
15 Machine-gun 20 mm
The 20 anti-tank guns (75/43) were replaced by 36 Panzerschreck
Wide range of Panzerfaust
Breda 37 machine guns were present in some units

Motor vehicles

The Exploring Group came back from Germany with these vehicles: 20 trucks, 6 cars, 12 motorcycles, 1 ambulance, many bicycles. The rest of the units had a shortage that was close to half of the quadrupeds provided by the armament tables and a third of the transport vehicles. On March 1th, 1945, according to the report on the situation of the Italian units drawn up by the German Command, the Division had 96 motorcycles, 89 cars, 127 trucks, 14 tractors, 678 carts, 618 bicycles, 2198 horses and mules. A considerable amount of these was not available because it was out of order.

Losses of the "Monterosa"

Throughout 2004, 1097 casualties were identified, of which 38 unknown and 342 killed by the partisans, of which 133 after 25 April.

4th Alpini's Regiment of "Littorio" Division

The "Littorio" Grenadiers Division was officially formed on 7th April 1944 in Germany, in the training camp of Sennelager, in Westphalia. It consisted of the 3rd Regiment and 4th Regiment Grenadiers and the 2nd Artillery Regiment. Constituted initially as 4th Regiment of the Grenadiers, in June 1944, a large group of Alpini, coming from the dissolved 5th Alpine Regiment stationed in Montecchio Emilia, recruited in Val Camonica, Val Brembana and Val Seriana, it was transformed into the 4th Alpine Regiment. It was transferred to the Munsingen Camp, left free by the "Monterosa" Division, to complete the training and the staff, consisting of the "Edolo", "Bergamo" and "Varese" Alpini's Battalions and the Regimental units. Like the rest of the Division, it risked to be dissolved during the months of July and August, then it resumed training and, on 18th September, the Regiment was reunited and verified by a commission composed of German officers, whose task was to evaluate the degree of efficiency achieved by the units and decide its future: the return of the unit in Italy or its dissolution and use of the military in the Flak or as militarized workers. The test was passed positively, and the Regiment began to prepare to the return to Italy, which took place between the end of October and the beginning of November. The route, from Munsingen through Germany and Austria, through the Brenner, led to the Po Valley, was marked by considerable difficulties caused by bombing on railway lines, rolling stock and bridges. The "Littorio" Division did not operate in a unitary way, but with its Regiments scattered along the French border. The 4th Regiment was deployed in Valle d'Aosta, reached by the units with difficulty due to heavy snowfalls, in early December, with the task of providing for the defense of a subsector of the Combat Sector Aosta, from the Galicia Pass, to the south of the Gran Paradiso, up to Mont Blanc.

The 4th Alpine Regiment was deployed with the Command to Porta Littoria (today La Thuile), the 104th Anti-tank Company in Morgex, the "Varese" Battalion on the Piccolo San Bernardo, the "Bergamo" Battalion on the Col de la Seigne, on the Col du Mont and at the sides of the "Varese". With this deployment on the front line, the access roads to the Valle d'Aosta were blocked through the pass of the Piccolo San Bernardo, Valgrisanche, Valle di Rhemes and Val Veny, constituting a line of resistance that, relying on the backward cornerstones of the "Vall 1940", had outposts placed four kilometers within the French territory. In support of the Alpine units, the "Gran Sasso" Mountain Artillery Group Battery was placed in, deployed behind the on-line units and the "Vallo Littorio" fortifications. The "Edolo" Battalion was instead deployed in the Val Susa, in the Bardonecchia area, depending operationally from the sector command and remaining only administratively in charge of the 4th Regiment. The Regiment was therefore not used in its entirety, as it was natural, but divided its units between the Valle d'Aosta and the Valle Susa. In addition to its units, the 4th Regiment had under its orders, during the cycle of operations, German units of Gebirgsjager and, from March to April 1945, the 12th Battery of the "Mantua" Group of the 1st Monterosa "Artillery Regiment" and the parachutists of the "Nembo" and "Azzurro" Battalions of the "Folgore" Regiment. The main fights in which the Regiment's units were involved in the period December 1944 - April 1945, took place on December 21st 1944, between March 23rd and 27th and April 9th / 10th 1945, when some French offensives took place, everywhere rejected. In addition, there was a constant work of patrols and fire actions, with guns and mortars, aimed at interrupting any attempt by French units to make bold in the bud shots against the most exposed outposts or to win them back where the surprise action of French soldiers had succeeded. Particularly difficult were the refueling operations carried out in the high mountains due to the difficult environmental conditions (the winter 1944/45 was particularly stiff and snowy) in the sector entrusted to the Regiment there were many victims, military and civilian militarized, overwhelmed by avalanches. Militarized workers were also used as bearers, but the use of this work force was also harmful, because among them were spies who transmitted the right dislocation of the units, news used by the Frenches to make shots with the capture of Alpini. The 4th Regiment remained deployed with its units until April 29th, 1945, guarding steps and hills from the encroachment of the French troops, and then headed to Aosta in early May where, on the 4th, Colonel De Felice dissolved the Regiment and the soldiers were sent to the Bard Fort. It should be noted how, up to the date of dissolution, the Alpini of the 4th Regiment remained in arms alongside the CLN's partisans to defend the Valle d'Aosta from the occupation of French troops, also establishing common checkpoints. It remains to report that still on May 5 some Alpini of the 4th, located at the cave in the cave from 75/27 on the Chaz-Dura, opened fire with the guns barring access to the French, and that only under pressure from the local CLN (National Liberation Committee) they folded over to Aosta, after having sabotaged the pieces, thus finally allowing the French troops to descend into the Valle d'Aosta. The retarding work of the Alpini of the 4th Littorio Regiment allowed the Americans to arrive in Aosta on 4 May, blocking the French infiltration. First Commander of the Regiment was Colonel Roscioli, later Colonel Armando De Felice.

Alpini's Battalion "Varese"

The "Varese" Battalion was deployed at the Piccolo San Bernardo, on a front that went from Mont Valaisan to Roc Belleface through the Col de Traversette (with Roc Noir outpost) and along La Commune up to the Clapey. The "Varese" Command was placed at the Villetta, the logistical bases at the Colle and at the Hospice, the Companies on a resistance line, from the Redoute Ruinèe to the Roc Belleface, and on a line of outposts and observatories positioned on the surrounding high altitudes, some over 2800 meters. The 1st Company was lined up between Clapey and La Commune, the 2nd Company between Roc Noir, Col de Traversette, Mont Valaisan, with its outposts interspersed with those of German units, with the 3rd Company of recovery. Along the resistance line in front of the Hospice, the 4th and 5th Company sided with a group of mortars at an altitude of 2040 metres; further back, the Alpine artillery was dislocated. This deployment, with German units interspersed with the Italian ones, was maintained in December. On 21st December, after an intense artillery and mortar activity, the French attacked La Comune against the outposts of the 1st Company. The attack was successful and two teams of Alpini were captured. The immediate counterattack took place which led to the reconquest of the positions abandoned by the French, while the Commander of the 1st Company, Lieutenant Pizzolotto, died in the clash. January 25th, 1945, the new attack of the French against the Fort Travesette conquered and immediately lost as a result of the counterattack of the Alpine supported by German units. Following the losses suffered, the changed tactical needs and changes, was implemented a different and less rigid disposition of the units, drawing also from Regimental units. In March 1945, the deployment of the "Varese" was changed, assuming the following deployment: the 2nd Company was placed on the front line that to the side of the national road to France stretched through La Commune to Roc Belleface with aggregates some mortar teams and elements of the 4th; the 4th Company on the resistance line in front of the little Saint Bernard and the 3rd Company on the front line from Roc Noir to the La Traversette fort, integrated by German units. They were also deployed around the Villetta, Battalion's command post. There were also advanced observatories in Punta de Couloureuse and Punta Clapey. On 23rd March a new French attempt to break through the Traversette line of defense, for more and more days, involved the advanced deployment of "Varese" and finally also that of "Bergamo". Despite the heavy support of the Franco-American artillery, the offensive is resolved in a disaster for the attacking forces, in the face of heavy losses with over 100 casualties, with the only conquest of Roc Noir's position. With this deployment the "Varese" remained in line until April 29, 1945, when it received the order to abandon the positions and fall back on Porta Littoria at the Command of the Regiment. Reached Porta Littoria, it moved to Prè S. Didier, from where it was sent urgently to the Col di Rhemes to block the French avant-garde that, not being able to pass through the Col du Mont still blocked by the Alpini of the "Bergamo", tried to descend into Valgrisenche crossing the Hill. Following a new order of the Regiment Command, the "Varese" Battalion then resumed the withdrawal to Aosta, reached on May 2nd, where it was acceded in the "Chiarle" barracks awaiting the events.

The "Varese" Battalion was then dissolved on May 4th, 1945 following the surrender agreements taken between the 4th Regiment Command and the local CLN (National Liberation Committee).
First Commander of the Battalion was Captain Mancini, later, Major G. Bruno Ghidini.

Alpini's Battalion "Bergamo"

The "Bergamo" Battalion, strongly retarded by a big snowfall on the way to Valle d'Aosta, arrived in line with brackets and, unlike the "Varese", it was not used together and in an organic way, but its Companies were deployed in high share on strategic crossings to protect the underlying valleys. The 6th Company, located at the Col de la Seigne, barred the entrance to Val Veny, the 7th Company, located at the Col du Mont, presided over the entrances to Valgrisenche, while the 8th Company, with the command at the Bela Comba Lakes, was on the passes The Lex Blanche and Tachuy, to the left of the outposts of the "Varese", as the south wing of the Regiment. The outposts of this company were included in French territory, while a resistance line was placed downstream of the Hospice and some backward cornerstones on the so called "Vallo 1940". The "Bergamo"'s Command was located in Leverogne, while the Deposit was in Avise. The heavy snowfalls made the activity of the patrols very difficult, often avalanches swept the Alpini, causing numerous casualties and injuries. Particularly serious the avalanche of January 26th, 1945, which overwhelmed about fifty men between Alpine and civilian workers, with the death of 2 Alpini and 33 workers. On December 30th, the French, favored by spies, conquered the post #1 Lex Blanche. A patrol of 5 Alpini, under the command of the lieutenant Baldanchini, who was transporting supplies to the fort, fell into the ambush of the French. The lieutenant Baldanchini was struck and he died while being carried prisoner in France, the 5 Alpini managed to escape and to warn the Company Command, which provided to reconquer the station. On January 25th, the Alpini of the 8th Company were urgently transferred to the small San Bernardo to regain, together with the Alpini of the "Varese" and the Germans, the Fort of Traversette. Failed the offensive against the positions of "Varese" unleashed on March 23th, 27th and 31st March, the French turned their forces against the station of the Lex Banks defended by the Alpini of the 8th Company of "Bergamo". After hours of struggle, even this French attempt was frustrated, with serious losses from the attackers. The month of April passed without major news. The initial alignment of the "Bergamo" therefore remained essentially unchanged from the entry in line in December 1944 until the end of April. On Sunday, April 29, the order to begin the withdrawal towards Courmayeur arrived, from where the "Bergamo" continued towards Aosta, arriving there on May 2, to get into the barracks "Chiarle". In compliance with the surrender agreements stipulated by the Commander of the 4th Regiment with the local CLN (National Liberation Committee), the "Bergamo" was dissolved on May 4, 1945 in Aosta.
Commander of the Battalion was Major Leonardo Rossi.

Alpini's Battalion "Edolo"

The "Edolo" Battalion arrived in Italy on November 7th, in Mezzocorona, directly from Germany by train, continuing, after having unloaded the materials, the march to Lavis, continually targeted by air strikes. Crossed Trento, amid the enthusiasm of the population, arrived late in the evening to Calliano, where it sided in defense of the country contributing to the anti-aircraft defense and the reactivation of the railway line. Then it resumed the march to the front of the Western Alps, where it arrived in early December 1944. The Battalion was included in the defensive sector held by the 5th Geb.D, with the units located between Bardonecchia and Ulzio, with the Command at Bardonecchia and the Companies lined up between the Valle Stretta and the Colle del Frejus. Three companies were on the front line from Col d'Etache to Col de la Roue and to the Rochemolles dam. Task of the "Edolo" Battalion was the defense of the border, of the civilians and of the industrial installations of the area, from the possible French offensive, that aimed to occupy part of the Italian territory. The Battalion brilliantly accomplished the task for five months, also preventing, at the end of the hostilities, that the Germans proceeded to the already planned destruction of some industrial plants and services, thus saving important hydroelectric plants, such as the Rochemolles dam, and infrastructure such as tunnels, railway lines and roads . The Battalion remained alongside the Gebirgsjager until April 27th, 1945, when, after collecting the detached outpost to the Chalet Pelouche, it folded towards the plain, where it was dissolved in early May in Leinì. A part of the Alpini chose to remain in Bardonecchia, siding with the partisans, and participated in the fighting against the retreating Germans from Val Susa, parading in Turin at the end of hostilities.

Commander of the Battalionwas Major Biagio Rozbowski.

104*th* Tank Hunters Company

The Tank Hunters Company was moved to Morgex, operating as a mobile reserve of the Regiment and detaching its teams in support of the Battalions "Bergamo" and "Varese". At the end of the hostilities it followed the fate of the Regiment.

Commander of the Company was Captain Mannucci.

Losses

The confirmed losses of the 4th Alpine Regiment on the Valle d'Aosta front are 90.

Weapons

The individual weaponry consisted of Mauser 98K rifles and Beretta pistols or Luger 08 and Walther P38 pistols, light machine guns and heavy MG42 machine guns, 81 mortars.

1st Mountain Artillery Group "Gran Sasso" – 2nd Artillery Regiment "Littorio" Division

The "Gran Sasso" Group consisted of three batteries of howitzers, two with Skoda 75/13 and one with OTO 75/18 model 35. It came back to Italy from Germany in November 1944 and it was destined, together with the other Groups of the 2nd Artillery Regiment, behind the Gothic Line, in an area where there were strong partisan formations. During the short stay in the area, the 2nd Battery was attacked by a fierce partisan formation, the clash lasted all day and part of the night, causing two casualties among the artillerymen. Since the 4th Alpine Regiment had been destined to defend the Valle d'Aosta, the "Gran Sasso" was destined to its support, thus resuming the transfer to the Valley, where it arrived between the end of November and the beginning of December. The Group's Command was placed in Porta Littoria, while the Batteries were placed in the front line, directly under the 4th Alpine Regiment, in direct support of the Battalions "Bergamo" and "Varese", deployed in defense of the subsector on the sides of the Piccolo San Bernardo, and the "Aosta" Group, consisting of Italian and German units, Lac du Vernej, Chaz Dura and Les Suches-Terre Nere. The observatory of the "Gran Sasso" was placed on the Monte Belvedere. The artillerymen of the "Gran Sasso" also used the 75/27 guns of the Cave Cavalry of the Chaz-Dura, consisting of four pieces, as second defensive line and, in the third line, two 149/35 guns located at Les Suches- Black Lands. Both the Cave Battery of the Chaz Dura and the 149/35 guns, were part of the fortifications of the so called "Vallo del Littorio". One of the first actions carried out by the artillerymen of the "Gran Sasso", however, was not a fire action, but the reconquest of the "Nest of Eagles", a small outpost at three thousand meters conquered a few days before by the French. From December 1944 to the end of April, the crossbows at the pass and the rear guns, helped to block all attempts of the French troops and the action on March 31st, 1945, wes decisive in defeating the attack, supported by aircraft and American artillery, against Roc Belleface to the west and the Redoute Ruinèe - Traversette to the east. Starting from April 1st, 1945 the 12th Battery of the "Mantova" Group of the "Monterosa" Division was assigned in support of the "Gran Sasso", with four German 10.5 FH 18 howitzers, with which it was possible to hit by a long distance the Franco-American artillery. On April 29th, 1945, following the order of the Command of the 4th Regiment, the "Gran Sasso" Group began the retreat to S. Pierre, where, in agreement with the Aosta CLN, it detached a Battery in the Val di Rhemes, while the two others lined up in the Sala Dora area. The 12th Battery of "Mantova" was deployed in San Pierre. It should be emphasized that these camps aimed at countering the possible encroachment of French troops in the Aosta Valley. On May 5, the

"Gran Sasso" Group, in compliance with the surrender clauses agreed between the Commander of the 4th Regiment and the Liberation Committee of Valle d'Aosta, broke up and deposed his arms in the "Cesare Battisti" barracks in Aosta. The artillerymen were transferred to Bard, with the exception of part of the personnel, of the 3rd and the 12th Battery, which remained in Aosta and S. Pierre for the delivery of weapons and materials. These personnel was subsequently transferred to the Modena prison camp transit and then to the definitive Coltano field. At the Battery of Chaz-Dura, left with three efficient guns, two artillerymen continued firing until May 5 with surprise shots on the side of the hill and the State Road n. 26, to then sabotage the guns and fall back on Aosta. Commander of the Group, Major Pietro Omodeo Salè.

Structure
At April 1th, 1945, the "Gran Sasso" Group had a staff of about a thousand men.

Weapons
The batteries of the "Gran Sasso" Group were armed with Skoda 75/13 mountain howitzers, captured at the end of the First World War at the Austro-Hungarians and with Italian howitzers Oto 75/18 mod. 18. The 75/27 and 149/35 guns were part of the fortifications of the Vallo Alpino. The individual weapons were those in service in the Alpine units: Mauser 98K, Beretta 34 pistols, some submachine guns.

Note
The 2nd Artillery Regiment was made up of the following Artillery Groups: 1st "Gran Sasso", 2nd "Romagna" and 3rd "Varese," all armed with 75/13 Skoda and 75/21 German mountain howitzers, and from the 4th Artillery Group with Italian OTO 149/19. Although some publications included this Regiment in the Alpine units, only the "Gran Sasso" Group consisted of Alpine artillerymen with a hat and pen, the others were Campaign Artillery Groups armed with mountain howitzers and deployed on the Alpine front. For this reason we did not include the whole Regiment but only the Group formed by Alpini artillerymen.

Alpini's Regiment "Tagliamento"
On 17th September 1943, just nine days after the armistice, the Battalions Group "Tagliamento" was re-formed in Udine under the orders of the Consul Ermacora Zuliani, former commander of the 63rd Legion of the M.V.S.N. and then of the Armored Legionary Regiment of the Division "M" "Centauro" with the rank of Colonel of the Army, who, after September 8, returned to Udine and, with the rank of Consul, took the command of the Legion Group of the MSVN. Having taken possession of the 8th Alpini barracks, as early as 23th September he was able to provide essential services and a Public Order Company, which carried out its role in the city to protect the main sensitive objectives. Announcements of enlistment were issued but, on 1st October, with the proclamation of the "Adriatic Coast Zone" – O.Z.A.K. by the Germans, these declined. Despite the heavy interference of the Germans, thanks to the active support of the Minister of Justice Piero Pisenti, the Regiment, which operated directly under the High Command of the German Police Forces in the Littoral, succeeded in increasing the number of staff to a satisfactory extent, and at the end of October, with a staff of about 500 units, he created head offices outside the city of Udine. With the influx of volunteers and conscripts, between the end of '43 and the first months of '44, the number of men grew considerably, reaching the 1,412 men at the end of February, constituting further Companies, positioning itself firmly on the eastern piedmont line to defend the inhabited centers and infrastructures. Between the end of March and the month of May, the unit carried out its definitive organization and defined the activity it would carry out, except for some changes, until the end of the conflict. On April 3rd '44, the new organization was applied: 3 Battalions, 1 Regimental Command Company, 1 Training Company; each Battalion had a staff of 450 men divided into 3 Companies of 3 Platoons and 4 Squads, with an armament of 27 submachine guns and 9 heavy machine guns, for a total of 90 submachine guns and 30 machine guns. Since this armament was never available, a minimum budget was set for each Company, excluding the

Reggimental Command Company, 1 antitank gun 47/32, 1 45mm mortar, 1 81mm mortar, 3 Breda 30 submachine guns, 3 Breda machine guns 37. The "Isonzo" Battalion and the "Vipacco" Battalion were formed by Alpini, the "Natisone" Battalion by 2 Companies of Bersaglieri and one of Alpini. On 11st April the unit assumed its official name: "Tagliamento Alpini Regiment". On April 18th, the new deployment on the Prepotto-Saga-Tarvisio line took place; one month later, on May 18th, the Regiment received the order to settle in a more advanced position, entering the Valle del Baccia, the Isonzo's and the Vipacco's valleys. The Command and the Regimental Command Company went to Tolmin; the 1st battalion had the Command in Tolmino and garrisons in Idresca, Vollaria, Baccia, Oblocca and Chiesa San Giorgio; the 2nd Battalion had the Command in Trieste and garrisons in Montespino and Prevacina San Marco; the 3rd Battalion had the Command in Canale d'Isonzo and garrisons in Volzana, Doblari, Plava, Salona and Descla. This new shift was heavily opposed by partisan forces, which inflicted significant losses on moving units. The 2nd Battalion was particularly struck, whose 6th Company, as soon as it arrived in Montespino, was attacked on the night between 25th and 26th May and destroyed. In front of the 107 men oh the Company there were 3,042 partisans, equipped with heavy weapons, which after an extreme struggle had the upper hand. The reaction was very prompt: already on the 29th with the reinforcements and the survivors the 6th Company was reconstituted and then they were sent to garrison at the San Marco, while the 4th and 5th Company constituted the entrenched camp of Montespino, which carried out an important counter-fire activity towards the 9th Corpus Slavic until the end of the conflict. The other Battalions, after the accommodation in the new garrisons, began the hard activity, guarding infrastructures such as bridges, tunnels, railways, viaducts, power grids, power stations, as well as the presence of infiltration by the Yugos partisans, who aimed to occupy Italian territory and then claim possession of it after the war. Thus, began a long period of dense patrolling and counter-insurgency against the Slavic and Italian partisans, with violent clashes especially during the great offensive of the Baccia, between June and July '44, in Canale d'Isonzo; in the area of Montespino, at the bridges of Auzza and in other dozens of places where patrol, ambushes and sabotage activities continued. The 1st Battalion, starting from Tolmino, developed its alignment in the Valle del Baccia and Valle d'Isonzo, constituting further garrisons to Naberdò, Coritenza, Camina, then to Santa Lucia, intersecting the units of the Bersaglieri's Battalion "Mussolini", with which divided the burden of defense of the line during the battle of the Baccia, where 550 between Alpine and Bersaglieri prevented 8,000 Yugos partisans to destroy the defensive line. It should also be remembered that, in January 1945, a whole partisan battalion was destroyed during a nocturnal ambush. The 3rd Battalion, deployed along the course of the middle Isonzo, suffered attacks on Doblari and Plava, while in June it defended Canale d'Isonzo during the offensive developed by the 9th Corpus, that led to the destruction of the bridge of Auzza. In September, a widespread malaise began to spread among the Bersaglieri of the 3rd Battalion, which led the Regimental Command to the decision to dissolve it and to unite the Companies to the Regimental Command Company and to the Command. In addition to the three Battalions, the Regiment had in its staff the Regimental Command Company, composed of a unit used for the defense of the entrenched camp of Tolmino, the Services Unit and the Operational Group "Montenero", intended to escort the vehicles, to counter-guerrilla interventions and to support of the units under partisan's attacks. At the end of April, the Regiment, with the Command, the Reggimental Command Company and the 1st battalion, moved to San Pietro al Natisone, where it was joined by the 2nd Battalion; on April 30th the whole Regiment moved to Spignon where it stopped fighting.

Structure

Regimental Command Company		280
Operational Group *"Montenero"*		210/260
1st Alpini Battalion *"Isonzo"*	- 1st/2nd/3rd Company	450
1st Alpini Battalion *"Vipacco"*	- 4th/5th/6th Company	450
1st Alpini and Bersaglieri Battalion *"Natisone"*	- 7th/8th/9th Company	450

The Battalion's personnel are those foreseen by the armament tables, but they were hardly actually reached.
In February 1944 the total number of people in service was 1,412 soldiers.
In March 1945 the total number of people in service was 1,350 soldiers.

Losses
Out of a total of about 2,000 men in the Regiment, there are 506 fallen, 69 missing, 45 slaughtered and over 600 injured.

Vehicles
The "Tagliamento" Regiment vehicle fleet was very small: 2 Fiat trucks, 1 Bianchi Miles truck, 1 Fiat 665 armored truck with a machine gun, 2 Fiat 1100 cars, 3 Galera and Guzzi motorcycles. There were also 15 draft horses, 40 mules and some battalion carts.

Weapons
The individual armament was similar to the one of the Royal Army, increased with the weapons captured by the partisans or recovered from the allies: the '91 rifles, pistols Beretta, MAB, submachine guns Beretta, Thompson, Bren, Sten.
The minimum heavy weaponry of each company consisted of:
1 anti tank gun 47/32;
1 mortar 45 Brixia
1 mortar 81 mm;
3 Breda 30 submachine guns;
3 8 mm Breda or Fiat machine guns.
The heavy armament of the C.C.R. it consisted of:
6 guns 47/32;
10 45mm Brixia mortars;
8 81 mm mortars;
40 Breda 30 submachine guns;
22 machine guns 8 mm Breda 37;
2 Hotchins machine guns.

9th Coastal Defence Btn.

The 9th Battalion was formed in Treviso between 19th and 25th November 1943 on Command, Command Company and 5 Companies of riflemen with personnel from the Alpini's troops, later flocked volunteers, draft personnel, recalled, complements from the dissolved deposits of the 20th Artillery Regiment and the 58th Infantry Regiment of Padua. In mid-February, when the training was completed, the Battalion reached Ravenna, where part of the senior staff deserted. A few days later the Command, the Reggimental Command Company and the 1st Company, reached Porto Garibaldi to be employed in the construction of fortifications. At the end of March the entire Battalion was brought to Comacchio with the same task, therefore between April, May and June, the 1st Company was employed in functions of defense and fight against the partisans. In June 1944, the Battalion was deployed between the delta of the Po and Venice, with tasks of construction of coastal fortifications and rear guards. On 15 August, due to heavy desertions, the Battalion was reduced to 700 men after the refusal to enter in the Division "Monterosa", the Germans disarmed the Battalion in Cavarzete, escorting it to Mestre where it was settled at the headquarters of the Ar .Co. (Anti Aircraft Artillery). At the end of the month, following agreements between the German and Italian commanders, part of the staff was sent to the Ar.Co. groups in Verona, the remaining rate merged into the 163rd Flak Group of Bassano del Grappa. The Battalion was considered dissolved on 29 August 1944.

the "Cadore" was transferred to the city of Alba, a city that left the 10th for higher orders. On 12th October it was transferred to Val Tanaro, with locations in Ceva, Noceto, Bagnasco and Priola, with the task of overseeing and monitoring the rolling stock that leads from Ceva to Garessio and Liguria. On 6 November the Command of the "Cadore" was hired by Captain Aurili and, due to the lack of staff, the Battalion was renovated on Command Platoon and 3 Companies. On November 26th, two Platoons of the 67th Company fell in an ambush near Calizzano, where, attacked and surrounded by about 500 partisans, they entrenched themselves in some houses of the village. While a group was able to break through and return to the Battalion, the other Alpini resisted until they were offered the chance to be left free. Accepted the offer they were imprisoned in the Forte del Melogno and then shot in contempt of the surrender agreement. From 2nd February 1945 the "Cadore" was inserted, as a Exploring Group, in the "Monterosa" Alpini's Division, but before being transferred, it was still used in the Langhe. In early March the Battalion was transferred by train to Ivrea, participating in some anti-terrorist operations in the lower Valle d'Aosta in the second fortnight. In early April the "Cadore" was transferred to Turin, with the Command and the 75th Company in Ciriè, the 68th Company in Mathi. On the morning of April 25th, the 68th Company rejoined the rest of the Battalion which, from Ciriè, had been ordered to take to Turin and continue to Pavia. On the 26th it started the withdrawal towards Turin, when, in the industrial zone of Venaria Reale, the Battalion stopped near a partisan block. After having had guarantees on the fate of the Alpine troops, Captain Aurili accepted the surrender proposal and declared the Battalion "Cadore" dissolved, it was the night between 26 and 27 April 1945. First Commander of the Battalion was Lt. Col. Renato Perico, later, from February 20th to early April 1944, Captain Lorenzo Malingher, then Lieutenant Colonel Ippolito Radaelli until October 1944, finally, until the end of hostilities, Captain Albert Aurili.

Structure
To the constitution: Command Company and Services - 67th, 68th, 75th Company - 23rd Artillery Battery
May '44: Company Command and Services - 67th, 68th, 75th Company - 124th Heavy Weapons Company
February '45: Explorer Platoon, Anti Aircraft Platoon, Munitions and food unit, 68th and 75th Companies
Each Company consisted of 3 Riflemen Platoons and 1 Command Platoon; each Platoon with 3 teams of 10 men each.
At the end of April '44, at the date of assignment to the C.A.R.S., the strength of the Battalion amounted to 600 men.
The effective force of the Battalion to February 2, 1945 is 20 officers, 26 non-commissioned officers and 260 men of troops

Losses
The confirmed losses of the Battalion during its entire operating cycle amount to 72.

Weapons
Italian individual and team weapons, rifles '91, MAB, f.m. Breda 30, Beretta pistols, 37 Breda machine guns, 81 mortars. The 23rd battery should have been equipped with 4 75/13 howitzers, but due to the difficulty in finding the pieces, it was never fitted with the pieces.

12th Artillery Group – 37th Mountain Battery "Julia"
The "Julia" battery came from the 163th Anti Aircraft Battery of the Division "Julia", in reorganization after the Russian Campaign. Between considerable difficulties it was decided to bring together the few survivors of the 3rd Artillery Regiment in the 163th, equipped with 8 Breda 20mm gunner. At the date of the Armistice, the Battery was nearing completion and was taken by surprise by the event because it lost any connection, learning the news from Italian soldiers fleeing!. The officers decided to fall back

on Gorizia, where they took possession of the barracks "Savoia", while part of the military began to recover the abandoned material. Until September 12th they were among the few Italian units, left in arms, trying to counter the advance of the Yugo partisans, then slowly arrived German troops that, together with the Italians, repelled the Slavs. From that moment the Battery was aggregated to the exploration unit of the 171th German Field Artillery Regiment. The battery was reequipped with objects found at the headquarters of the 6th Artillery Regiment, then began an operating cycle under the 171st Regiment that led her to operate, first at Merna, then on the road to Aidussina, then at the Divaccia railway junction and in Istria. On October 15th it was transferred to Rijeka, located on Monte Croce, with the denomination of 163a Batteria, then a series of operations in Slovenia, then, from January 28th, 1944, it entered the square of Fiume becoming 37th Battery together with the 41st Battery in the XII Coastal Artillery Group. From that moment the 37th Battery definitely put "the tails of the pieces on the ground", dislocated on Monte Lesco with a 360 ° shooting range, contributing until the end of hostilities, to break all attempts of the titini to break through the city's defensive belt. The Battery ceased hostilities on 29th April, the men began the withdrawal that ended on 30th April in Trieste inside the Rojano Barracks, where the 37th Alpine Battery "Julia" was declared dissolved.
First commander of the Battery was Captain Giovanni Vittorio, subsequently, from 27th January '44 to the end of hostilities, Lieutenant Franco Geja.

Structure
In the spring of 1944, the staff of the "Julia" Battery was as follows:
2 officers, 15 non-commissioned officers and 66 men of troops - Total 83 officers

Weapons
4 guns 100/17 mod. 14, 1 Breda 20/65 machine gun, 6 Breda 8 mm machine guns;
1 Brixia mortars 45 m / m, 3 saddle horses and 4 mules, 2 carrette and 1 barrel wagon.

Alpine Sapper's Btn. "Valanga" 10th MAS Division
The story of this Battalion is at least singular, as it was a unit of Alpini in the Navy Infantry Division "10th MAS" of the Commander Borghese. The genesis of the Battalion began September 21, 1943, in Pavia, where Colonel Ferrari, former commander of the 3rd Sappers Regiment of Pavia, launched an appeal to the sappers, because he would resume arms against the Allies. About 200 men were concentrated in the Umberto 1st barracks just a week later. With these men began the establishment of an Alpine Guastatori Battalion, whose command was entrusted to the captain Alpino Manlio Maria Morelli, who proposed to name the Battalion, in honor of the company he commanded in Russia, "Valanga" (Avalanche). In January 1944 it was planned the transfer to Germany in order to be included in the new Italian Divisions in formation. The Captain Morelli then proposed to the Commander Borghese to frame the "Avalanche" in the X MAS. Borghese, after having hired information on the men and the unit, accepted and as early as March 20 the Battalion entered the ranks of the Xa, moving to La Spezia. From April 15th it was transferred to Bagni di Jesolo to complete the training and the heavy weaponry. In Jesolo it received the order to change the name of the Battalion assuming that of "Tarigo", changes unwillingly accepted by the sappers who were also forced to replace the alpini's hat with the Navy Infantry beret. After the training in mid-August, the Battalion was transferred to Piedmont, in the Ivrea area, where it reached the other units of the Division, with the task of presiding over the state road n. 11 Turin-Ivrea. Between mid-August and early October, it participated in operations in the Val d'Orco, in the Valli di Lanzo, in the Val d'Ala, operating up to the Gastaldi Refuge and the Lago della Rossa, at altitudes of more than 2700 meters. In September, following the good results obtained in the field, Captain Morelli obtained from the Commander Borghese to be able to return to the old name

of the "Valanga" Battalion and wearing the alpini's hat. Between 20th and 30th October, the Battalion was transferred to Vittorio Veneto, taking part in some raids in the area and the usual routine of the patrols. In November a Company of the "Serenissima" Battalion arrived from Venice to be trained in the techniques of the sappers, constituting the 4th Company of the Battalion. Between November and December it took part in the operations against the "Free Zone of Carnia", fighting in Val Meduna, capturing several dozens of partisans. On the eve of Christmas 1944, two Companies of the "Valanga", the 1st and the 4th, were transferred to Gorizia, going to constitute two garrisons, one on Monte Santo and the other in Tarnova della Selva. In early January, the companies were withdrawn on Gorizia, from where they left on the 19th to help the "Fulmine" Battalion surrounded by Tarnova, contributing effectively to the liberation of the besieged Battalion. On January 29, 1945, the companies returned to Vittorio Veneto, joining the Battalion, used in the meantime in some raids and anti-partisans operations on the Cansiglio plateau and in February on the San Boldo pass. Starting from 16th March the Battalion was transferred to Bassano del Grappa, where it remained until April 28, when it folded on Marostica directed to Thiene. On April 28, 1945, in Marostica, the "Valanga" Battalion ceased to exist. A group of Alpini, under the command of Captain Barbesino, did not accept to surrend and headed for Trentino, where they surrendered on May 2 to the Americans.

Structure
- Command Company
- 1st Company "Aquila"
- 2nd Company "Hurricane"
- 3rd Company "Heavy Weapons"
- 4th Company "Serenissima" (aggregated at the Battalion since November '44)

The strength of the Battalion, as of 1 January 1945, was of 313 men.

Losses
The confirmed losses of the Battalion were 36, but datas are missing after April 25, 1945.

Weapons
Individual armament consisting of musket or rifle '91, MAB 38 submachine guns, pistols of various types, daggers and hand grenades. Team and heavy equipment consisting of model 40 and model 41 flamethrowers, Breda 30 machine guns, 45 mm Brixia mortars, mines and hollow charges, 4 Breda 37 machine guns, 3 81 mm mortars, 2 47/32 guns mod. 39

Vehicles
The Battalion fleet was heterogeneous, but equipped with a sufficient number of vehicles to allow transportation. They were present: FIAT 626, FIAT 666 and OM Taurus trucks, gas and diesel fueled cars, such as Fiat 508 C.M., 508 Berlina, Lancia Aprilia and Ardea, and Guzzi 500, Sertum 500, Gilera 500 motorcycles

1st Protection Company (Compagnia Protezione Impianti)
It was formed in Bassano del Grappa in September 1943 in order to safeguard plants of particular interest in the Vicenza area, displaced principals at the Aviation Field of Asiago, at Forte Tombion near Cismon del Grappa, at the ammonition's storage of the Felette, at the Isotta-Fraschini factory in Vicenza, in addition to the "Roma" Hotel in Vicenza. The Command and the Command nucleus had always headquartered in Bassano del Grappa. The first commander of the Company was Lieutenant Beltrame, then, from December 1943 to the end of hostilities, Captain Sante Tommasi. The strength of the Company amounted to 2 officers, 23 non-commissioned officers and 133 alpine men.

English note to the photo captions of this book

The photographers presented in this volume trace the history of the Alpine units of the Italian Social Republic since 1943, immediately after the tragic Italian armistice, until the end of the Second World War.

The primary source for these images is the vast archive of the "Monterosa" Division, an association that brings together veterans of the Division, their families and supporters. The Association has collected over the years a multitude of documents and photographs. These have a very varied provenance and therefore the quality of the photographs is very different. Indeed, the images presented in the book are partly copies of original photographs from the era, photographic slides dating back to the Second World War and photos from period newspapers. The photographs cover the whole life of the "Monterosa" Division, from the foundation, to the training in the German field of Munsingen, to the operations on the front of the Garfagnana during the "Wintergewitter" offensive, up to the deployment in Piedmont before the end of the war.

Numerous images then portray Alpine artillerymen of the 2nd Artillery Regiment of the "Littorio" Division, deployed in the Valle d'Aosta, and Alpini of the "Tagliamento" Regime, which opposed the Yugoslav partisans on the eastern border of Italy.

The photographic collection concludes with images relating to the Coastal Defense Battalions, the "Valanga" Battalion of the "Decima MAS" Division (the only unit of Alpine spoilers in a Marine Infantry Division) and the "Cadore" Battalion which, before being included in the "Monterosa" Division, it was used against the partisans in Veneto and Piedmont.

TITOLI PUBBLICATI - ALREADY PUBLISHING

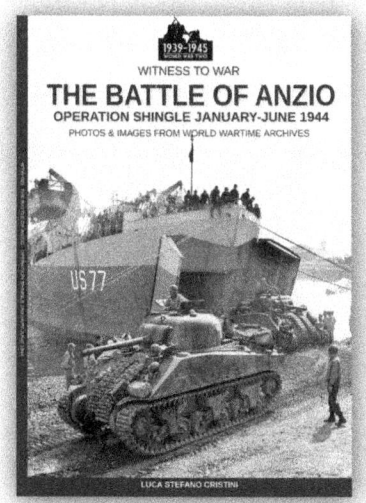

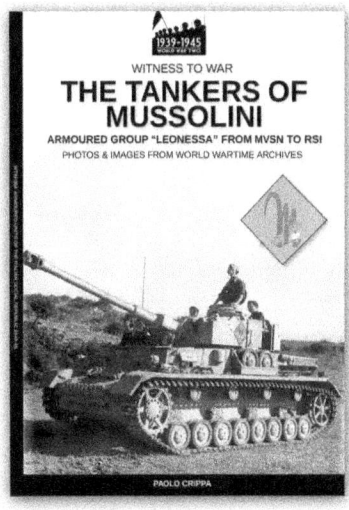
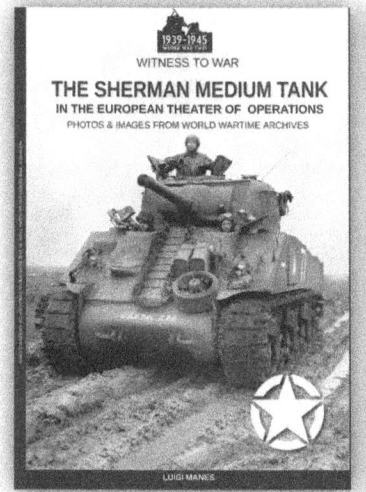

www.ingramcontent.com/pod-product-compliance
Lightning Source LLC
Chambersburg PA
CBHW080226170426
43192CB00015B/2765